会计仿真实训教程

成本会计实训

（第2版）

会计仿真实训平台项目组　编著

清华大学出版社

北　京

内 容 简 介

本书以制造企业的经济活动为例，按照成本会计岗位的要求设计实训项目和任务，素材丰富，资料翔实，实训内容具有实用性和可操作性。本书项目1～项目6为单项实训，项目7为综合实训。

本书配有实训教学平台，根据成本核算流程及核算方法设计实训业务，平台能够智能化地处理表单计算结果、记账凭证和账簿结转的对应关系，强化学生填制原始凭证、填制记账凭证、入账，以及成本核算的能力。

本书适合职业院校会计专业的学生作为实训教材使用，也可供社会人员练习使用。

图书在版编目(CIP)数据

成本会计实训/会计仿真实训平台项目组编著. —2版. —北京：清华大学出版社，2021.9(2025.2重印)
会计仿真实训教程
ISBN 978-7-302-58290-8

Ⅰ. ①成… Ⅱ. ①会… Ⅲ. ①成本会计—职业教育—教材 Ⅳ. ①F234.2

中国版本图书馆CIP数据核字(2021)第105896号

责任编辑：陈凌云
封面设计：杨昆荣
责任校对：李 梅
责任印制：宋 林

出版发行：清华大学出版社
网 址：https://www.tup.com.cn，https://www.wqxuetang.com
地 址：北京清华大学学研大厦A座 **邮 编**：100084
社 总 机：010-83470000 **邮 购**：010-62786544
投稿与读者服务：010-62776969，c-service@tup.tsinghua.edu.cn
质量反馈：010-62772015，zhiliang@tup.tsinghua.edu.cn
印 装 者：涿州市般润文化传播有限公司
经 销：全国新华书店
开 本：185mm×260mm **印 张**：15.25 **字 数**：255千字
(附记账凭证1本)
版 次：2018年6月第1版 2021年9月第2版 **印 次**：2025年2月第2次印刷
定 价：58.00元(全二册)

产品编号：089677-01

丛 书 序

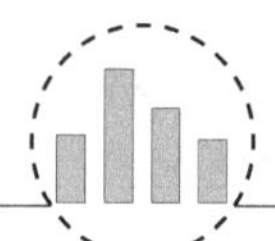

信息技术的发展正深刻改变着职业教育的教学模式，职业院校的师生迫切需要更加多样化的在线教学平台。“文泉职教”平台（www.qinghuazhijiao.com）是在认真调研、精准把握职业院校课程改革以及在线教学需求的基础上，由清华大学出版社开发的，融虚拟仿真实训、富媒体教学资源、在线评测于一体的职业教育理实一体化课程平台。“文泉职教”平台的在线课程除了传统的理论课、考证课之外，最大特色在于利用仿真技术开发的会计实训课。

“文泉职教”平台旨在解决职业院校理论教学与实训教学脱节、实训教学内容与企业真实业务不匹配的弊端，帮助学生真正提高实务操作技能，快速具备上岗能力。该项目于 2014 年被批准为新闻出版改革发展项目库入库项目，并获得财政部文化产业发展专项资金支持。

“文泉职教”平台目前上线课程涵盖会计专业的主干实训课程和财经大类的部分理论课程。在线课程与纸质教材配套，实现了理论课程与实训课程的相互配套，线上仿真实训与线下真账实操的相互融合。

“会计仿真实训教程”系列教材是清华大学出版社开发的 13 门实训课程的配套实训教材，分别是出纳实训、纳税实训、审计实训、基础会计实训、财务会计实训、成本会计实训、税务会计实训、会计综合实训、财务管理实训、管理会计实训、会计电算化实训、财务报表分析实训、财经法规与会计职业道德实训。

“文泉职教”平台及配套教材具备以下八个方面的功能与特色。

1. 贴近岗位要求

根据不同会计岗位要求和课程特点，精选典型实训业务，如“出纳实训”除常规的现金、银行等业务仿真操作外，还提供了模拟网银操作；再如“纳税实训”，学生可登录模拟国税局和地税局网站进行纳税申报；再如“会计电算化实训”，平台也实现了电算化模拟操作。

2. 虚拟仿真操作

无论是原始凭证、记账凭证还是各类账簿、报表等，全都与真实业务中的最新版本一样，学生不用进入企业实习就可以接触到真实的业务场景和单据，在线进行虚拟仿真操作：填写记账凭证、登记账簿、编制报表、画线、盖章、生成支付密码等。

3. 智能比对答案

学生在线完成实训业务后，单击“提交答案”，如填写有误系统会自动“报错”（以红色块标示）。错误之处可以重新填写，直至正确。学生也可以查看“正确答案”，自主分析错误原因；还可以将填写内容全部清空后重新填写，反复实训。

4. 实时反馈成绩

每门实训课程的首页会根据学生实训进度和答题正确率,实时反馈学习成绩,生成综合报告,以便学生整体把握实训成绩。教师也可以在线组建班级,动态跟踪本班全部学员的实训情况。

5. 理实一体开发

实训课程通过"外部课程"链接与理论课程建立关联,充分实现理实一体的理念,服务职业院校理实一体化教学。

6. 内容体系科学

实训课程内容在充分体现会计岗位要求的基础上,按照职业院校会计专业的教学计划和课程标准,采用"项目—任务—业务"的编排体系,符合职业教育的教学规律。

7. 课程资源丰富

全部实训任务在线提供 PPT 课件,重难点任务还提供视频和微课讲解。学生实训时可以对照课件和视频,边学习边实训。

8. 线上线下结合

全部 13 门实训课程都配套出版纸质教材,提供仿真单据簿和各类账证表。学生通过教材附赠的序列号即可登录平台进行在线学习与实训,从而实现了线上学习与线下学习的结合,线上实训与手工实操的互补。

"文泉职教"平台的开发和配套教材的出版,是清华大学出版社在互联网教育领域的新尝试,是基于互联网提供会计课程整体解决方案的新做法,我们衷心期待这套产品的使用者给我们提出宝贵的意见和建议,以便我们的创新能够走得更稳;也衷心期待有志于互联网会计教学改革的院校和教师与我们一起,共同开发更符合院校特色专业建设要求的定制平台,共同打造会计教学的新模式。

"文泉职教"平台将努力打造更多样的仿真实训课程、更精品的专业课程资源、更智能的数字学习方式,让教育者不再为缺乏教学资源而苦恼,让学习者真正学到有用的技能,让课堂学习不再与社会需求脱节。

会计仿真实训平台项目组

2021 年 3 月

前　言

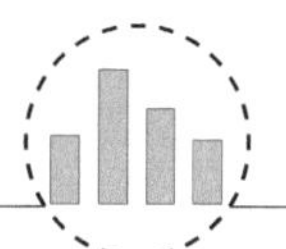

成本会计作为会计的一个重要分支，是会计学科体系中的一个重要组成部分。随着生产过程的日趋复杂，生产和经营管理都对成本会计提出了新的要求，成本会计不断向更深层次的方向发展，也对成本会计的教学提出了更高的要求。然而，目前成本会计课程的教学内容、形式、手段等多方面仍难以跟上现代复合型会计应用人才的培养要求，与企业成本会计的岗位需求也存在一定的差距。

为辅助成本会计教学，提高学生将所学理论知识运用于会计实务操作的能力，我们编写了《成本会计实训》一书。本书以制造企业的经济活动为例，按照成本会计岗位的要求设计实训项目和任务，素材丰富，资料翔实，实训内容具有实用性和可操作性。通过实训，可以增强学生对成本会计岗位核算流程的理解，提高实际操作技能。

本书项目1～项目6为单项实训，实训内容涉及料、工、费的归集与分配，产品成本结转，成本报表生成等内容，体现了不同分配方法和成本计算方法对成本计算的影响；项目7为综合实训，包括品种法和分步法的综合实训。本书按照由浅入深、先分后总的顺序安排实训业务，教师可根据实际教学需求进行取舍，合理安排实训进度。

计算量大与大量的图表运用是成本会计课程的一大特点。产品成本的构成涉及料、工、费等多个项目，因其承担的对象不同而有不同的归集、分配和结转程序，其间需要对大量的数据进行处理。本书配有实训教学平台，根据成本核算流程及核算方法设计实训业务，具有以下三大特点：①系统性强，体现成本核算的整套流程；②成本归集、结转方法比较全面；③预置丰富的内部成本计算单。平台能够智能化地处理表单计算结果、记账凭证和账簿结转的对应关系，强化学生填制原始凭证、填制记账凭证、入账，以及成本核算的能力。

通过本书及配套实训平台，学生可以进行线下真账实操、线上反复实训，从而熟练掌握成本核算、分析、控制的理论知识和操作技能。

本书及配套实训平台内容的编写、开发得到了会计专业教师、企业一线会计人员和教育技术人员的大力帮助，在此深表谢意。由于水平有限，书中难免存在疏漏和不足，恳请读者批评、指正。

会计仿真实训平台项目组
2021年3月

目　录

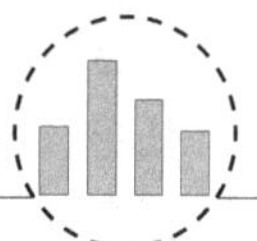

项目1　费用要素的归集与分配 …… 1

任务1.1　材料成本核算 …… 1

任务1.2　编制领料单 …… 4

任务1.3　编制领料凭证汇总表 …… 4

任务1.4　材料费用的归集与分配 …… 4

任务1.5　外购动力费用的归集与分配 …… 9

任务1.6　人工费用分配(一) …… 11

任务1.7　人工费用分配(二) …… 11

任务1.8　折旧计算 …… 12

任务1.9　折旧费用分配 …… 13

项目2　辅助生产费用和制造费用的归集与分配 …… 16

任务2.1　直接分配法 …… 16

任务2.2　顺序分配法 …… 17

任务2.3　计划成本分配法 …… 17

任务2.4　一次交互分配法 …… 18

任务2.5　制造费用的归集及按机器工时比例分配 …… 19

任务2.6　制造费用按生产工人工资比例分配 …… 25

任务2.7　制造费用按生产工时比例分配 …… 26

项目3　生产费用在完工产品和在产品之间的分配 …… 28

任务3.1　约当产量法 …… 28

任务3.2　定额成本计价法 …… 30

任务3.3　定额比例计价法 …… 32

任务3.4　不计在产品成本法 …… 34

任务3.5　固定成本计价法 …… 36

任务3.6　按所耗原材料费用计价法 …… 38

项目4　产品成本计算的基本方法 …… **40**

任务4.1　编制费用分配表 …… 40

任务4.2　品种法(成本计算单) …… 44

任务4.3　逐步综合结转分步法 …… 45

任务4.4　逐步分项结转分步法 …… 46

任务4.5　平行结转分步法 …… 48

任务4.6　分批法 …… 49

任务4.7　简化分批法 …… 51

项目5　产品成本计算的辅助方法 …… **53**

任务5.1　分类法 …… 53

任务5.2　定额法 …… 54

任务5.3　联产品成本计算——系数分配法 …… 55

任务5.4　联产品成本计算——实物量分配法 …… 56

任务5.5　联产品成本计算——相对售价分配法 …… 57

任务5.6　联产品成本计算——净实现价值分配法 …… 58

任务5.7　副产品成本计算 …… 58

项目6　成本报表的编制与分析 …… **60**

任务6.1　产品生产成本表的编制与分析 …… 60

任务6.2　其他各种费用报表的编制 …… 61

任务6.3　主要产品单位成本表的编制 …… 61

任务6.4　主要产品单位成本表的分析 …… 63

项目7　综合实训 …… **64**

任务7.1　品种法综合实训 …… 64

任务7.2　分步法综合实训 …… 71

项目 1

费用要素的归集与分配

任务 1.1　材料成本核算

【业务 1.1.1】

根据背景资料(见图 1-1 和图 1-2)编制记账凭证。

说明：记账凭证号为 011。

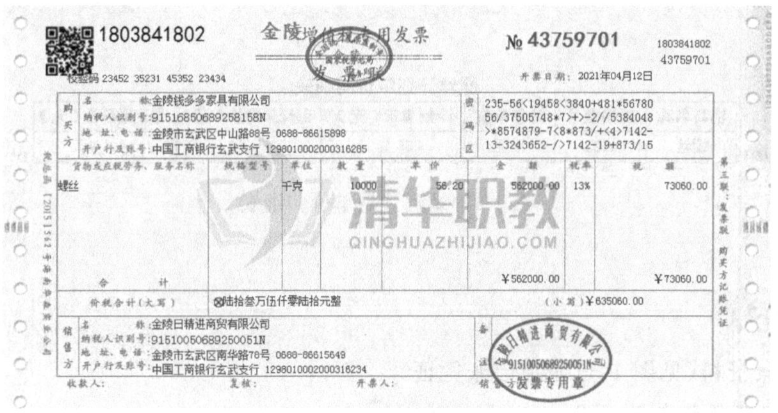

1803841802　　金陵增值税专用发票　　№ 43759701　　1803841802　43759701

校验码 23452 35231 45352 23434　　开票日期：2021年04月12日

购买方　名　　称：金陵钱多多家具有限公司
纳税人识别号：915168506892581 58N
地 址、电 话：金陵市玄武区中山路88号 0688-86615898
开户行及账号：中国工商银行玄武支行 1298010002000316285

密码区：235-56<19458<3840+481*56780 56/37505748*7>+>-2//5384048 >*8574879-7<8*873/+<4>7142- 13-3243652-/>7142-19+873/15

货物或应税劳务、服务名称	规格型号	单位	数量	单价	金额	税率	税额
螺丝		千克	10000	56.20	562000.00	13%	73060.00
合计					¥562000.00		¥73060.00
价税合计(大写)	⊗陆拾叁万伍仟零陆拾元整				(小写)¥635060.00		

销售方　名　　称：金陵日精进商贸有限公司
纳税人识别号：91510050689250051N
地 址、电 话：金陵市玄武区南华路78号 0688-86615649
开户行及账号：中国工商银行玄武支行 1298010002000316234

备注：金陵日精进商贸有限公司 91510050689250051N 发票专用章

收款人：　　复核：　　开票人：　　销售方：

第三联：发票联　购买方记账凭证

图 1-1　增值税专用发票

中国工商银行
转账支票存根
30909320
20617230
附加信息
出票日期 2021 年 04 月 12 日
收款人：金陵日精进商贸有限公司
金　额：¥635060.00
用　途：支付购货款
单位主管　　会计

图 1-2　转账支票存根

【业务 1.1.2】

承接业务 1.1.1,根据背景资料(见图 1-3 和图 1-4)编制材料验收入库的记账凭证。

说明:采用计划成本法,记账凭证号为 012。

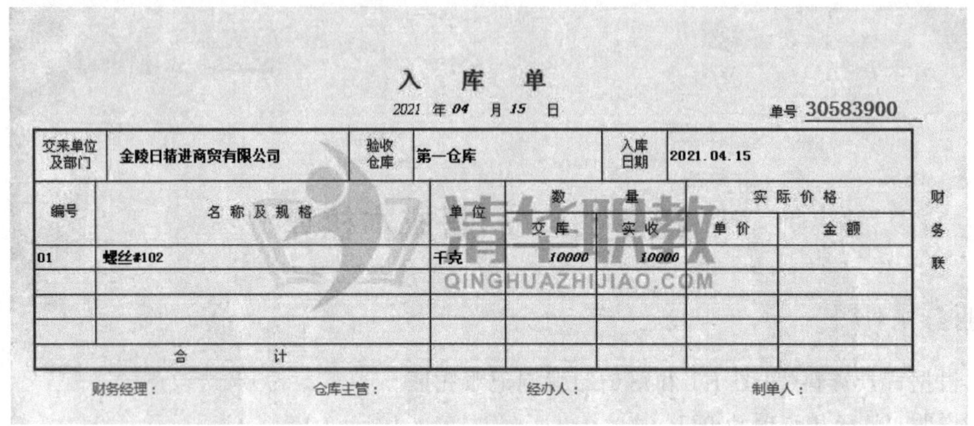

入库单

2021 年 04 月 15 日　　单号 30583900

交来单位及部门	金陵日精进商贸有限公司	验收仓库	第一仓库	入库日期	2021.04.15

编号	名称及规格	单位	数量 交库	数量 实收	实际价格 单价	实际价格 金额
01	螺丝#102	千克	10000	10000		
合计						

财务联

财务经理：　仓库主管：　经办人：　制单人：

图 1-3　入库单

螺丝计划单价明细表

物料名称	规格型号	计量单位	计划单价(元)	最低采购价(元)	最高采购价(元)
螺丝	#102	千克	55.00	55.00	68.00

图 1-4　螺丝计划单价明细表

【业务 1.1.3】

根据背景资料(见图 1-5)编制记账凭证。

说明:记账凭证号为 013。

领料单

领料部门：基本生产车间

用　途 生产办公桌　　2021 年 04 月 16 日　　第 00938464 号

材料 编号	材料 名称	材料 规格	单位	数量 请领	数量 实发	成本 单价	成本 总价
140305	螺丝	#102	千克	8000	8000	55.00	440000
合计							¥440000

会计联

部门经理：　会计：张雯　仓库：周白　经办人：关童

图 1-5　领料单(1)

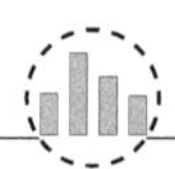

【业务 1.1.4】

2021 年 4 月 30 日，根据业务 1.1.2 的结果编制结转本月材料成本差异的记账凭证。

说明：记账凭证号为 014。

【业务 1.1.5】

2021 年 4 月 30 日，根据背景资料(见图 1-6 和图 1-7)编制材料成本差异计算表。

说明：超支用“+”表示，节约用“—”表示，计算结果保留 2 位小数，单位为元。

原材料明细账

分页 ______ 总页 ______

最高存量 15000　　编号、名称 01 螺丝#102

最低存量 5000　储备天数 50　存放地点 第一仓库　计量单位 ______　规格 #102　类别 原材料

2021年 月	日	凭证字号	摘要	收入 数量	收入 单价	收入 金额(百十万千百十元角分)	付出 数量	付出 单价	付出 金额(百十万千百十元角分)	结存 数量	结存 单价	结存 金额(百十万千百十元角分)
03	31		承前页							14000	55.00	77000000
	31	记006号	结转生产领用螺丝成本				7000	55.00	38500000	7000	55.00	38500000
	31		本月合计				7000	55.00	38500000	7000	55.00	38500000
04	15	记012号	采购螺丝，验收入库	10000	55.00	55000000				17000	55.00	93500000

图 1-6　原材料明细账(螺丝)

材料成本差异明细账

分页: ______ 总页: ______

一级科目: 材料成本差异　　二级科目: 螺丝#102

2021年 月	日	凭证 种类	凭证 号数	摘要	√	借方(百十万千百十元角分)	贷方(百十万千百十元角分)	借或贷	余额(百十万千百十元角分)
03	31			承前页				借	900000
	31			本月合计		6500000	5800000	借	900000
04	15	记	012	采购螺丝，验收入库		1200000		借	2100000

图 1-7　材料成本差异明细账(螺丝)

任务 1.2 编制领料单

【业务 1.2.1】

2021 年 5 月 2 日,金陵钱多多家具有限公司基本生产车间领用原材料密度板(规格:2440mm×1220mm×2mm,编号:140301)一批用于生产办公桌。该批材料的计划成本是 156000 元,数量 1000 张,请填写领料单。

说明:金陵钱多多家具有限公司的领料单是连续编号的,上一张领料单编号为 00938464。领料单的签字参照图 1-5。

【业务 1.2.2】

2021 年 5 月 12 日,金陵钱多多家具有限公司基本生产车间领用原材料密度板(规格:2440mm×1220mm×2mm,编号:140301)一批用于生产办公椅。该批材料的计划成本是 312000 元,数量 2000 张,请填写领料单。

说明:金陵钱多多家具有限公司的领料单是连续编号的,上一张领料单编号为 00938465。领料单的签字参照图 1-5。

【业务 1.2.3】

2021 年 5 月 15 日,金陵钱多多家具有限公司基本生产车间领用原材料密度板(规格:2440mm×1220mm×2mm,编号:140301)一批用于生产办公桌。该批材料的计划成本是 312000 元,数量 2000 张。同日,该车间还领用原材料打磨纸(编号:140302)一批。该批材料的计划成本是 5000 元,数量 1000 卷,请填写领料单。

说明:金陵钱多多家具有限公司的领料单是连续编号的,上一张领料单编号为 00938466。领料单的签字参照图 1-5。

任务 1.3 编制领料凭证汇总表

【业务 1.3.1】

承接业务 1.2.1~业务 1.2.3,2021 年 5 月,金陵钱多多家具有限公司基本生产车间发生的领料业务共 3 笔,请据此编制领料凭证汇总表。

说明:金额保留 2 位小数。

任务 1.4 材料费用的归集与分配

【业务 1.4.1】

北京福瑞机械股份有限公司 2021 年 3 月发生了一系列的领料业务,请根据背景资料

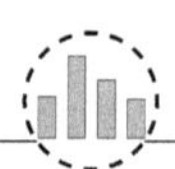

（见图 1-8～图 1-21）编制领料凭证汇总表。

说明：结果保留整数。

领　料　单

领料部门：基本生产车间

用　途：C1车床　　2021 年 03 月 01 日　　第 12 号

材料			单位	数量		成本										会计联
						单价	总价									
编号	名称	规格		请领	实发		百	十	万	千	百	十	元	角	分	
01	润滑油		千克	500	500	10.00				5	0	0	0	0	0	
合计									¥	5	0	0	0	0	0	

部门经理：　　会计：　　仓库：　　经办人：

图 1-8　领料单(2)

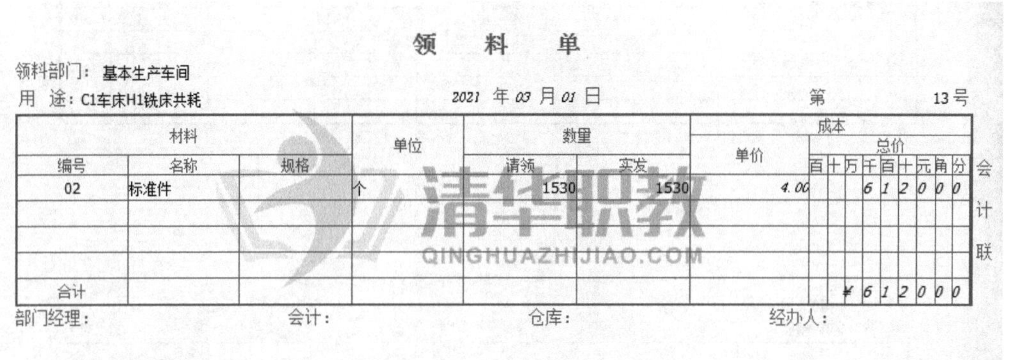

领　料　单

领料部门：基本生产车间

用　途：C1车床H1铣床共耗　　2021 年 03 月 01 日　　第 13 号

材料			单位	数量		成本										会计联
						单价	总价									
编号	名称	规格		请领	实发		百	十	万	千	百	十	元	角	分	
02	标准件		个	1530	1530	4.00				6	1	2	0	0	0	
合计									¥	6	1	2	0	0	0	

部门经理：　　会计：　　仓库：　　经办人：

图 1-9　领料单(3)

领　料　单

领料部门：基本生产车间

用　途：H1铣床　　2021 年 03 月 05 日　　第 14 号

材料			单位	数量		成本										会计联
						单价	总价									
编号	名称	规格		请领	实发		百	十	万	千	百	十	元	角	分	
03	螺丝		个	700	700	10.00				7	0	0	0	0	0	
合计									¥	7	0	0	0	0	0	

部门经理：　　会计：　　仓库：　　经办人：

图 1-10　领料单(4)

领 料 单

领料部门：基本生产车间

用 途：一般耗用机物料　　2021 年 03 月 08 日　　第 15 号

材料			单位	数量		成本									
						单价	总价								
编号	名称	规格		请领	实发		百	十	万	千	百	十	元	角	分
04	电机		个	30	30	30.00					9	0	0	0	0
合计										¥	9	0	0	0	0

会计联

部门经理：　　会计：　　仓库：　　经办人：

图 1-11　领料单(5)

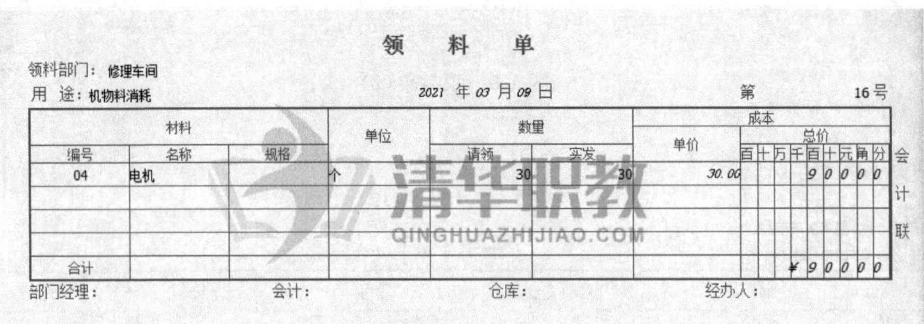

领 料 单

领料部门：修理车间

用 途：机物料消耗　　2021 年 03 月 09 日　　第 16 号

材料			单位	数量		成本									
						单价	总价								
编号	名称	规格		请领	实发		百	十	万	千	百	十	元	角	分
04	电机		个	30	30	30.00					9	0	0	0	0
合计										¥	9	0	0	0	0

会计联

部门经理：　　会计：　　仓库：　　经办人：

图 1-12　领料单(6)

领 料 单

领料部门：运输车间

用 途：机物料消耗　　2021 年 03 月 16 日　　第 17 号

材料			单位	数量		成本									
						单价	总价								
编号	名称	规格		请领	实发		百	十	万	千	百	十	元	角	分
04	电机		个	20	20	30.00					6	0	0	0	0
合计										¥	6	0	0	0	0

会计联

部门经理：　　会计：　　仓库：　　经办人：

图 1-13　领料单(7)

领 料 单

领料部门：基本生产车间

用 途：修理用　　2021 年 03 月 18 日　　第 18 号

材料			单位	数量		成本									
						单价	总价								
编号	名称	规格		请领	实发		百	十	万	千	百	十	元	角	分
05	轴承		个	50	50	10.00					5	0	0	0	0
合计										¥	5	0	0	0	0

会计联

部门经理：　　会计：　　仓库：　　经办人：

图 1-14　领料单(8)

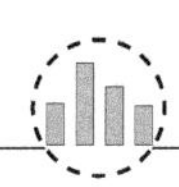

领　料　单

领料部门：修理车间

用　途：修理用　　　2021 年 03 月 19 日　　　第　19 号

材料			单位	数量		成本										会计联
						单价	总价									
编号	名称	规格		请领	实发		百	十	万	千	百	十	元	角	分	
05	轴承		个	100	100	10.00				1	0	0	0	0	0	
合计									¥	1	0	0	0	0	0	

部门经理：　　　会计：　　　仓库：　　　经办人：

图 1-15　领料单(9)

领　料　单

领料部门：运输车间

用　途：修理用　　　2021 年 03 月 19 日　　　第　20 号

材料			单位	数量		成本										会计联
						单价	总价									
编号	名称	规格		请领	实发		百	十	万	千	百	十	元	角	分	
05	轴承		个	90	90	10.00					9	0	0	0	0	
合计										¥	9	0	0	0	0	

部门经理：　　　会计：　　　仓库：　　　经办人：

图 1-16　领料单(10)

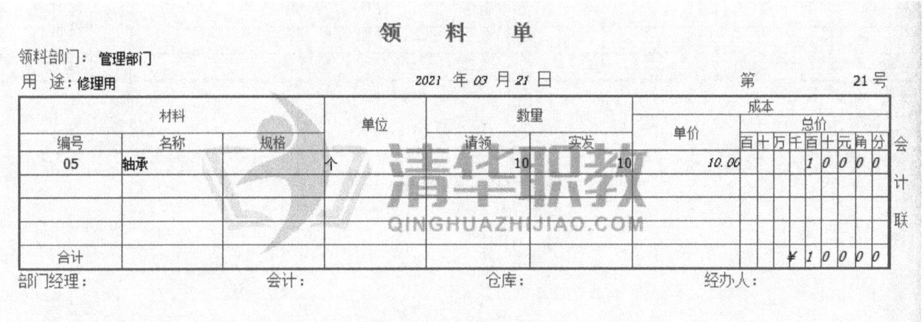

领　料　单

领料部门：管理部门

用　途：修理用　　　2021 年 03 月 21 日　　　第　21 号

材料			单位	数量		成本										会计联
						单价	总价									
编号	名称	规格		请领	实发		百	十	万	千	百	十	元	角	分	
05	轴承		个	10	10	10.00					1	0	0	0	0	
合计										¥	1	0	0	0	0	

部门经理：　　　会计：　　　仓库：　　　经办人：

图 1-17　领料单(11)

领　料　单

领料部门：基本生产车间

用　途：修理用　　　2021 年 03 月 22 日　　　第　22 号

材料			单位	数量		成本										会计联
						单价	总价									
编号	名称	规格		请领	实发		百	十	万	千	百	十	元	角	分	
06	油漆		千克	20	20	7.00					1	4	0	0	0	
合计										¥	1	4	0	0	0	

部门经理：　　　会计：　　　仓库：　　　经办人：

图 1-18　领料单(12)

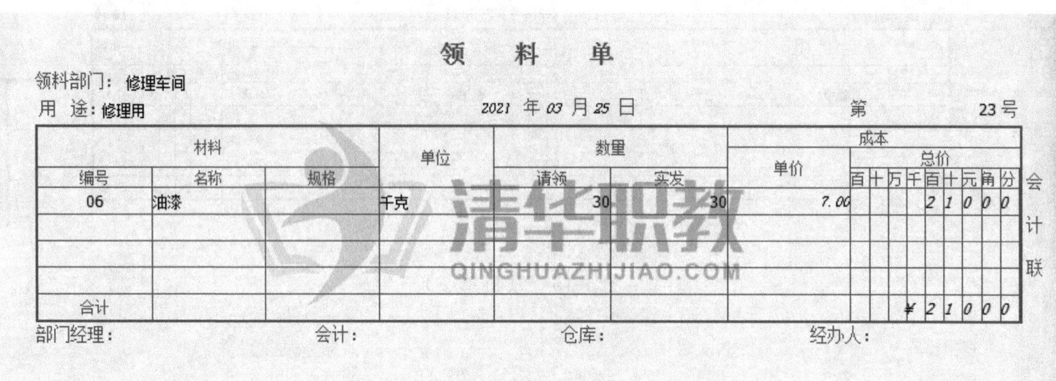

领　料　单

领料部门：修理车间

用　途：修理用　　　　2021 年 03 月 25 日　　　　第　23 号

材料 编号	材料 名称	材料 规格	单位	数量 请领	数量 实发	成本 单价	百	十	万	千	百	十	元	角	分
06	油漆		千克	30	30	7.00					2	1	0	0	0
合计										¥	2	1	0	0	0

会计联

部门经理：　　会计：　　仓库：　　经办人：

图 1-19　领料单(13)

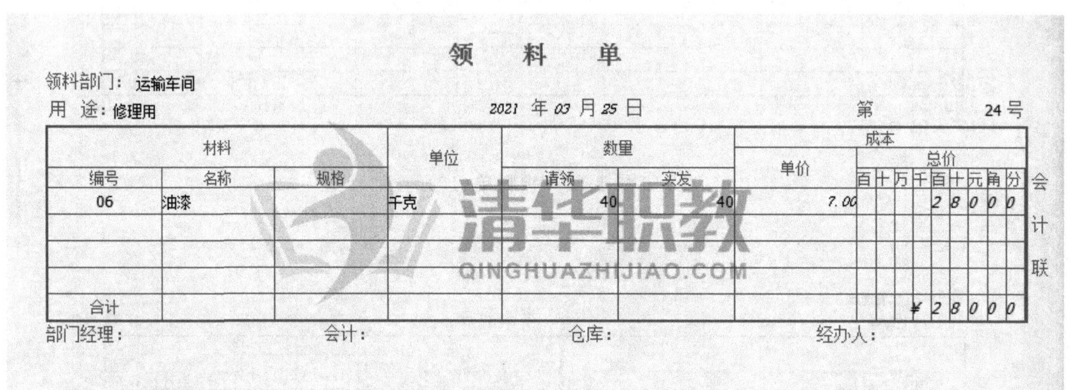

领　料　单

领料部门：运输车间

用　途：修理用　　　　2021 年 03 月 25 日　　　　第　24 号

材料 编号	材料 名称	材料 规格	单位	数量 请领	数量 实发	成本 单价	百	十	万	千	百	十	元	角	分
06	油漆		千克	40	40	7.00					2	8	0	0	0
合计										¥	2	8	0	0	0

会计联

部门经理：　　会计：　　仓库：　　经办人：

图 1-20　领料单(14)

领　料　单

领料部门：管理部门

用　途：修理用　　　　2021 年 03 月 25 日　　　　第　25 号

材料 编号	材料 名称	材料 规格	单位	数量 请领	数量 实发	成本 单价	百	十	万	千	百	十	元	角	分
06	油漆		千克	5	5	7.00						3	5	0	0
合计											¥	3	5	0	0

会计联

部门经理：　　会计：　　仓库：　　经办人：

图 1-21　领料单(15)

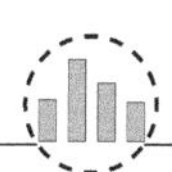

【业务 1.4.2】

根据领料单(见图 1-8～图 1-21)、产品定额耗用表(见图 1-22)、产成品盘点表(见图 1-23)以及业务 1.4.1 编制的领料凭证汇总表编制材料费用分配表。

说明：结果保留整数。

产品定额耗用表

产品	原材料	单位定额耗用量
C1 车床	标准件	3
H1 铣床	标准件	2

图 1-22　产品定额耗用表

产成品盘点表

产品名称	期初数量	期末盘点数
C1 车床	12	162
H1 铣床	8	89
合　计	20	251

图 1-23　产成品盘点表

【业务 1.4.3】

承接业务 1.4.1 和业务 1.4.2，2021 年 3 月 31 日，根据所编制的领料凭证汇总表和材料费用分配表，编制 2021 年 3 月材料费用分配的记账凭证。

说明：记账凭证号为 095-1/3、095-2/3、095-3/3。该企业直接计入产品成本的费用记入“生产成本——基本生产成本(××产品)”账户，辅助生产车间的成本记入“生产成本——辅助生产成本(××车间)”账户，下同。

任务 1.5　外购动力费用的归集与分配

【业务 1.5.1】

2021 年 4 月 30 日，根据背景资料(见图 1-24～图 1-27)编制北京力豪实业有限公司的外购动力费用分配表。

说明：金额单位为元，单价、金额保留 2 位小数，其他保留整数。

【业务 1.5.2】

承接业务 1.5.1，2021 年 4 月 30 日，根据所编制的外购动力费用分配表编制记账凭证。

说明：记账凭证号为 023-1/2、023-2/2。

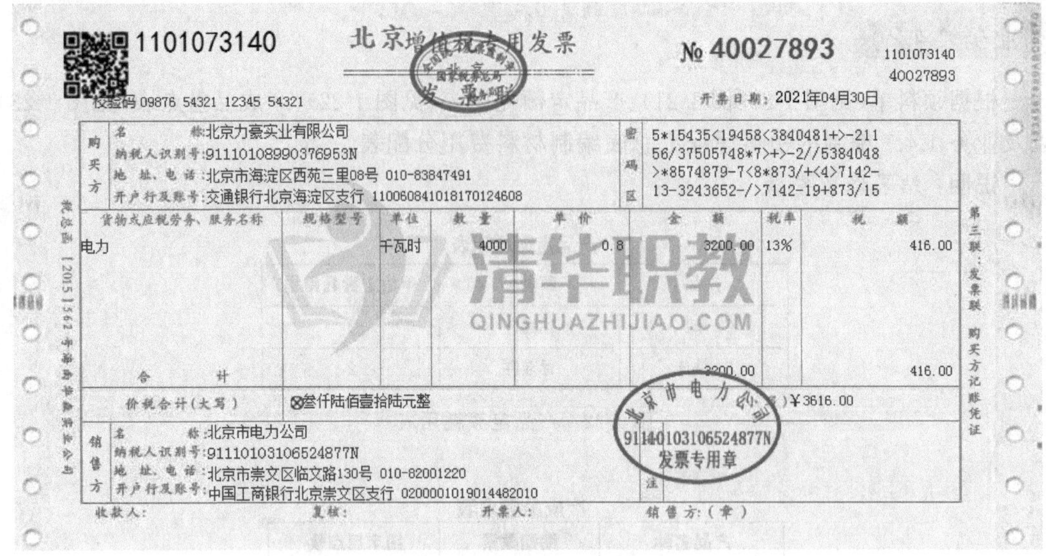

1101073140　北京增值税专用发票　№ 40027893　1101073140　40027893

校验码 09876 54321 12345 54321　开票日期：2021年04月30日

购买方	名　　称：北京力豪实业有限公司 纳税人识别号：91110108990376953N 地 址、电 话：北京市海淀区西苑三里08号 010-83847491 开户行及账号：交通银行北京海淀区支行 110060841018170124608	密码区	5*15435<19458<3840481+>-211 56/37505748*7>+>-2//5384048 >*8574879-7<8*873/+<4>7142- 13-3243652-/>7142-19+873/15

货物或应税劳务、服务名称	规格型号	单位	数量	单价	金额	税率	税额
电力		千瓦时	4000	0.8	3200.00	13%	416.00
合　计					3200.00		416.00
价税合计（大写）	⊗叁仟陆佰壹拾陆元整				(小写)¥3616.00		

销售方	名　　称：北京市电力公司 纳税人识别号：91110103106524877N 地 址、电 话：北京市崇文区临文路130号 010-82001220 开户行及账号：中国工商银行北京崇文区支行 0200001019014482010	备注	

收款人：　复核：　开票人：　销售方：（章）

第三联：发票联　购买方记账凭证

图 1-24　增值税专用发票

中国工商银行
转账支票存根
30889320
20618830

附加信息

出票日期 2021 年 04 月 30 日

收款人：北京市电力公司

金　额：¥3616.00

用　途：电费

单位主管　会计

图 1-25　转账支票存根

生产工时统计表

产品名称	生产工时
PDC	2000
PDF	1800
CAD	1000
合计	4800

图 1-26　生产工时统计表

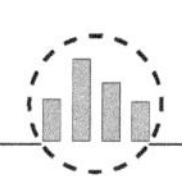

外购动力汇总表

部　门	使用对象	用电量（度）	单价（元/度）	金额（元）
基本生产车间	生产用电	3000	0.80	2400.00
基本生产车间	照明用电	300	0.80	240.00
辅助生产车间	修理车间	300	0.80	240.00
辅助生产车间	运输车间	100	0.80	80.00
管理部门	照明用电	300	0.80	240.00
合　计		4000	0.80	3200.00

图 1-27　外购动力汇总表

任务 1.6　人工费用分配(一)

【业务 1.6.1】

2021 年 4 月 30 日，根据工资结算汇总表(见图 1-28)和生产工时统计表(见图 1-26)，编制北京力豪实业有限公司的工资费用分配表(一)。

说明：分配率保留 4 位小数，金额保留 2 位小数。

工资结算汇总表

部　门		职工	月标准工资	浮动工资	津贴和补贴		岗位	应扣工资		应付工资	待扣工资	合计工资	个人所	实发工资
部门名称	人员类别	人数			物价补贴	中夜班津贴	工资	病假	事假				得税	
生产车间	生产工人	120	280600	13000	6000	2100	4500	800	600	304800	16800	288000	1200	286800
	管理人员	6	22000	2800	300	360	0	120	200	25140	1080	24060	570	23490
	小　计	126	302600	15800	6300	2460	4500	920	800	329940	17880	312060	1770	310290
修理车间	生产工人	8	16240	1860	400	260	240	0	120	18880	812	18068	98	17970
	管理人员	1	3800	360	50	0	0	0	0	4210	190	4020	150	3870
运输车间	生产工人	6	14120	3400	700	880	350	180	0	19270	686	18584	90	18494
	管理人员	1	4200	320	50	0	0	0	0	4570	216	4354	204	4150
管理部门	管理人员	12	67200	3720	720	480	0	0	320	71800	3360	68440	2490	65950
销售部门	营销人员	11	23100	9680	550	0	0	0	0	33330	1120	32210	120	32090
合　计		165	431260	35140	8770	4080	5090	1100	1240	482000	24264	457736	4922	452814

图 1-28　工资结算汇总表

【业务 1.6.2】

承接业务 1.6.1，2021 年 4 月 30 日，根据所编制的工资费用分配表编制记账凭证。

说明：记账凭证号为 132-1/2、132-2/2。

任务 1.7　人工费用分配(二)

【业务 1.7.1】

承接业务 1.6.1，2021 年 4 月 30 日，北京力豪实业有限公司分别按照工资总额的 10％、20％、1.5％、0.8％、0.8％、8％、2％、1.5％计提医疗保险、养老保险、失业保险、工伤保险、生育保险、住房公积金、工会经费、职工教育经费。根据所编制的工资费用分配表(一)编制工资费用分配表(二)。

说明：结果保留2位小数。

【业务1.7.2】

承接业务1.7.1,2021年4月30日,根据所编制的工资费用分配表(二),编制北京力豪实业有限公司2021年4月其他薪酬分配的记账凭证。

说明：记账凭证号为135-1/2、135-2/2。医疗保险、养老保险、失业保险、工伤保险、生育保险统一在社会保险费明细科目下核算。

任务1.8 折旧计算

【业务1.8.1】

2021年6月30日,北京光华纸制品有限公司第一基本生产车间有1台五位测量显示控制仪,采用年数总和法计提折旧。请根据固定资产卡片(见图1-29)编制固定资产折旧计算表。

固定资产卡片(1)

类别	仪器仪表	出厂或交接验收日期	2019.05.15	预计使用年限	5年
编号	06031	购入或使用日期	2019.05.15	预计残值	19280.00元
名称	五位测量显示控制仪	放置或使用地址	第一基本生产车间	预计清理费用	80.00元
型号规格	NS-YB07C	负责人	钱小雷		
建造单位		总造价	480000.00元		

图1-29 固定资产卡片(1)

【业务1.8.2】

2021年10月31日,北京光明制造有限公司运输车间有2台货车,采用双倍余额递减法计提折旧。请根据固定资产卡片(见图1-30和图1-31)编制固定资产折旧计算表。

说明：结果保留2位小数。

固定资产卡片(2)

类别	运输设备	出厂或交接验收日期	2019.09.15	预计使用年限	8年
编号	2023	购入或使用日期	2019.09.20	预计残值	7820.00元
名称	东风乘龙平板载货车	放置或使用地址	运输车间	预计清理费用	无
型号规格	中型220马力	负责人	李峰		
建造单位		总造价	195500.00元		

图1-30 固定资产卡片(2)

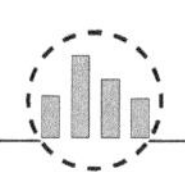

固定资产卡片(3)

类　别	运输设备	出厂或交接验收日期	2019.08.15	预计使用年限	8年
编　号	2022	购入或使用日期	2019.08.15	预计残值	9540.00元
名　称	东风乘龙牵引货车	放置或使用地址	运输车间	预计清理费用	无
型号规格	大型336马力	负 责 人	李峰		
建造单位		总 造 价	238500.00元		

图1-31　固定资产卡片(3)

任务1.9　折旧费用分配

【业务1.9.1】

2021年3月31日，请根据固定资产卡片(见图1-32～图1-39)，编制北京力豪实业有限公司固定资产折旧计算明细表。

说明：机械振动台、计算机采用年数总和法计提折旧，其余采用直线折旧法。月折旧率保留3位小数，月折旧额保留2位小数。

固定资产卡片(1)

类　别	房屋建筑物	出厂或交接验收日期	2013 12.23	预计使用年限	20年
编　号	01011	购入或使用日期	2014.01.01	预计残值	20000.00元
名　称	生产车间	放置或使用地址	基本生产车间	预计清理费用	
型号规格		负 责 人	蔡明达	月折旧率	0.400%
建造单位		总 造 价	500000.00元		

图1-32　固定资产卡片(1)

固定资产卡片(2)

类　别	生产设备	出厂或交接验收日期	2018.10.12	预计使用年限	10年
编　号	04032	购入或使用日期	2018.10.12	预计残值	6716.00元
名　称	机械振动台	放置或使用地址	基本生产车间	预计清理费用	1343.00元
型号规格	DE-SV100	负 责 人	蔡明达		
建造单位		总 造 价	134320.00元		

图1-33　固定资产卡片(2)

固定资产卡片(3)

类　别	房屋建筑物	出厂或交接验收日期	2013.12.23	预计使用年限	20年
编　号	01014	购入或使用日期	2014.01.01	预计残值	8000.00元
名　称	修理车间	放置或使用地址	修理车间	预计清理费用	
型号规格		负 责 人	蔡明达	月折旧率	0.400%
建造单位		总 造 价	200000.00元		

图1-34　固定资产卡片(3)

固定资产卡片(4)

类　别	机器设备	出厂或交接验收日期	2016.06.21	预计使用年限	10年
编　号	06015	购入或使用日期	2016.06.21	预计残值	390.00元
名　称	仪表车床	放置或使用地址	修理车间	预计清理费用	78.00元
型号规格	JK-1525	负责人	卓林海	月折旧率	0.800%
建造单位		总造价	7800.00元		

图 1-35　固定资产卡片(4)

固定资产卡片(5)

类　别	房屋建筑物	出厂或交接验收日期	2013.12.23	预计使用年限	20年
编　号	01016	购入或使用日期	2013.12.31	预计残值	8000.00元
名　称	运输车间	放置或使用地址	运输车间	预计清理费用	
型号规格		负责人	付建成	月折旧率	0.400%
建造单位		总造价	200000.00元		

图 1-36　固定资产卡片(5)

固定资产卡片(6)

类　别	运输设备	出厂或交接验收日期	2015.01.01	预计使用年限	8年
编　号	04012	购入或使用日期	2015.01.01	预计残值	7300.00元
名　称	电动悬挂起重机	放置或使用地址	运输车间	预计清理费用	1460.00元
型号规格	LDA型	负责人	付建成	月折旧率	1.000%
建造单位		总造价	146000.00元		

图 1-37　固定资产卡片(6)

固定资产卡片(7)

类　别	房屋建筑物	出厂或交接验收日期	2013.12.23	预计使用年限	20年
编　号	01018	购入或使用日期	2013.12.31	预计残值	5600.00元
名　称	办公楼	放置或使用地址	管理部门	预计清理费用	
型号规格		负责人	王明双	月折旧率	0.400%
建造单位		总造价	140000.00元		

图 1-38　固定资产卡片(7)

固定资产卡片(8)

类　别	办公设备	出厂或交接验收日期	2018.05.15	预计使用年限	8年
编　号	06031	购入或使用日期	2018.05.15	预计残值	7493.85元
名　称	计算机	放置或使用地址	管理部门	预计清理费用	1498.77元
型号规格	戴尔S1710	负责人	王明双	月折旧率	
建造单位		总造价	149877.00元	月大修理费用提存率	

图 1-39　固定资产卡片(8)

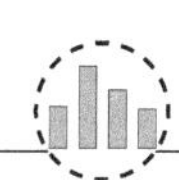

【业务 1.9.2】

承接业务 1.9.1，根据所编制的固定资产折旧计算明细表编制北京力豪实业有限公司 2021 年 3 月的固定资产折旧汇总计算表。

说明：结果保留 2 位小数。

【业务 1.9.3】

承接业务 1.9.1 和业务 1.9.2，2021 年 3 月 31 日，根据所编制的固定资产折旧汇总计算表编制记账凭证。

说明：记账凭证号为 138。

项目 2

辅助生产费用和制造费用的归集与分配

任务 2.1　直接分配法

【业务 2.1.1】

北京福瑞机械股份有限公司设有两个基本生产车间：第一生产车间生产 C1 车床，第二生产车间生产 H1 铣床。公司还设有供电、修理、运输 3 个辅助生产车间。

公司月底分配辅助生产费用，辅助生产车间的制造费用不通过“制造费用”科目核算。

公司采用直接分配法分配辅助生产费用。2021 年 5 月，辅助生产车间提供劳务明细表见图 2-1，辅助生产车间劳务数量汇总表见图 2-2，请据此编制当月辅助生产费用分配表。

说明：分配率保留 4 位小数，金额无小数位的保留整数，有小数位的保留 2 位小数。

辅助生产车间提供劳务明细表

部　门	供电车间（千瓦时）	修理车间（工时）	运输车间（千米）
供电车间	—	300	4500
修理车间	4250	—	100
运输车间	750	200	—
第一生产车间	35000	1300	4000
第二生产车间	30000	900	2500
管理部门	25000	50	1500
销售部门	10000	250	2000
合　计	105000	3000	14600

图 2-1　辅助生产车间提供劳务明细表

辅助生产车间劳务数量汇总表

项　目	供电车间		修理车间		运输车间	
	数量（千瓦时）	金额（元）	数量（工时）	金额（元）	数量（千米）	金额（元）
待分配费用总额及劳务总量	105000	68250.00	3000	13500.00	14600	21900.00

图 2-2　辅助生产车间劳务数量汇总表

【业务 2.1.2】

承接业务 2.1.1，2021 年 5 月 31 日，请根据所编制的辅助生产费用分配表，编制该公司 5 月分配辅助生产费用的记账凭证。

说明：记账凭证号为 035-1/2、035-2/2。

任务 2.2　顺序分配法

【业务 2.2.1】

金陵信达有限公司设有修理车间和运输车间两个辅助生产车间，修理车间发生的费用为 4773 元，提供维修劳务 2010 小时；运输车间发生的费用为 7324 元，运输材料物资 7400 千米。该企业采用顺序分配法分配辅助生产费用。2021 年 3 月 31 日，请根据辅助生产车间提供劳务明细表(见图 2-3)编制辅助生产费用分配表。

说明：分配率保留 4 位小数，金额无小数位的保留整数，有小数位的保留 2 位小数。

辅助生产车间提供劳务明细表

部　门	运输车间	修理车间	一车间	二车间	管理部门	合　计
修理车间（小时）	48	—	850	812	300	2010
运输车间（千米）	—	200	4250	1850	1100	7400

图 2-3　辅助生产车间提供劳务明细表

【业务 2.2.2】

承接业务 2.2.1，2021 年 3 月 31 日，根据所编制的辅助生产费用分配表编制记账凭证。

说明：采用三级明细科目核算。记账凭证号为 026。

任务 2.3　计划成本分配法

【业务 2.3.1】

金陵钱多多家具有限公司设有供电车间、修理车间、运输车间 3 个辅助生产车间，第一、第二两个基本生产车间。第一生产车间生产甲产品，第二生产车间生产乙产品。该企业月底分配辅助生产费用。辅助生产车间的制造费用不通过“制造费用”科目核算。

2021 年 5 月，公司辅助生产成本明细账上记载的本月各辅助生产车间发生的辅助生产成本分别为供电车间 68250 元；修理车间 13500 元；运输车间 21900 元。

公司采用计划成本分配法分配辅助生产费用，计划单位成本为供电车间每千瓦时 0.800 元；修理车间每工时 5.000 元；运输车间每千米 1.700 元。公司当月辅助生产车间提供劳务明细表见图2-4,请据此编制辅助生产费用分配表(交互或计划计算方法)。

说明:分配率保留3位小数,金额无小数位的保留整数,有小数位的保留2位小数。

辅助生产车间提供劳务明细表

部　门	供电车间(千瓦时)	修理车间(工时)	运输车间(千米)
供电车间	—	300	4500
修理车间	4250	—	100
运输车间	750	200	—
第一生产车间	35000	1300	4000
第一生产车间	30000	900	2500
管理部门	25000	50	1500
管理部门	10000	250	2000
合　计	105000	3000	14600

图2-4　辅助生产车间提供劳务明细表

【业务2.3.2】

承接业务2.3.1,根据所编制的辅助生产费用分配表,编制按计划成本分配法分配的记账凭证。

说明:采用三级明细科目核算。记账凭证号为053-1/2、053-2/2。

【业务2.3.3】

承接业务2.3.1,根据所编制的辅助生产费用分配表,编制辅助生产差异分配的记账凭证。

说明:采用三级明细科目核算。记账凭证号为054-1/2、054-2/2。

任务2.4　一次交互分配法

【业务2.4.1】

金陵钱多多家具有限公司设有供电车间、修理车间、运输车间3个辅助生产车间,第一、第二两个基本生产车间。第一生产车间生产甲产品,第二生产车间生产乙产品。该企业月底分配辅助生产费用。辅助生产车间的制造费用不通过“制造费用”科目核算。

2021年5月,公司辅助生产成本明细账上记载的本月各辅助生产车间发生的辅助生产成本分别为供电车间68250元;修理车间13500元;运输车间21900元。

公司采用一次交互分配法分配辅助生产费用,当月辅助生产车间提供劳务明细表见图2-4,请据此编制当月辅助生产费用分配表(交互或计划计算方法)。

说明:分配率保留5位小数,金额无小数位的保留整数,有小数位的保留2位小数。

【业务 2.4.2】

承接业务 2.4.1，根据所编制的辅助生产费用分配表，编制辅助生产费用对外分配的记账凭证。

说明：采用三级明细科目核算。记账凭证号为 030。

【业务 2.4.3】

承接业务 2.4.1 和业务 2.4.2，根据所编制的辅助生产费用分配表，编制辅助生产费用交互分配的记账凭证。

说明：采用三级明细科目核算。记账凭证号为 031-1/2、031-2/2。

任务 2.5　制造费用的归集及按机器工时比例分配

【业务 2.5.1】

2021 年 5 月 12 日，广州市吴志机电股份有限公司生产车间用现金购置了 1000 元劳保用品（背景单据见图 2-5 和图 2-6），请据此编制购买基本生产车间用劳保手套的记账凭证。

说明：记账凭证号为 020。

现金付讫

报销单

填报日期：2021 年 05 月 12 日　　　　单据及附件共 1 张

姓名	张宇	所属部门	采购部	报销形式	现金	
				支票号码		
报销项目		摘要		金额		备注：
基本生产车间职工劳保用品		劳保手套1000双×1.00元		1000.00		
合计				¥1000.00		
金额大写：零拾 零万 壹仟 零佰 零拾 零元 零角 零分				原借款：0.00元	应退(补)款：补1000元	

总经理：　财务经理：　部门经理：　会计：　出纳：　报销人：

图 2-5　报销单

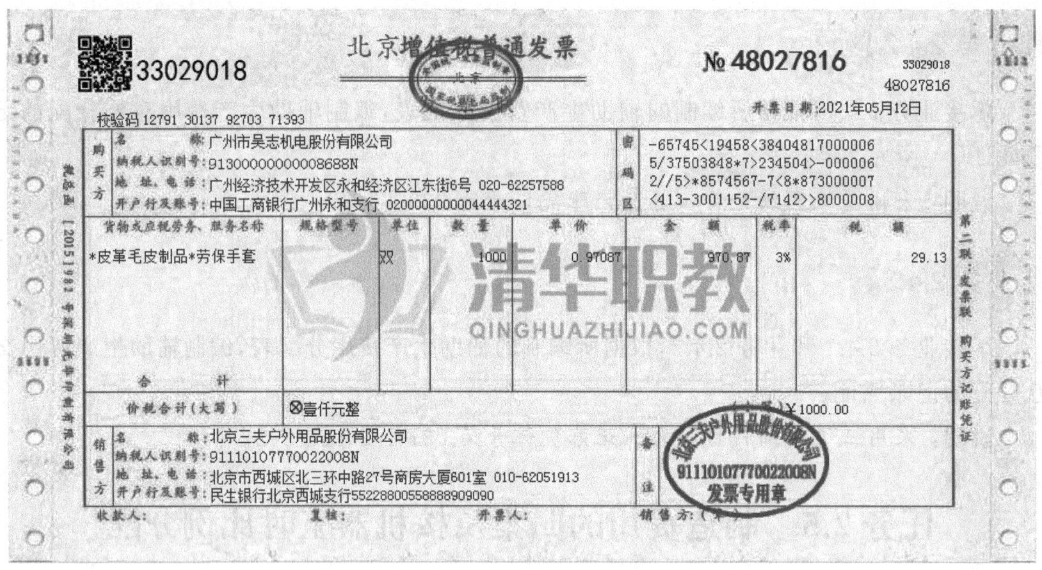
北京增值税普通发票

33029018 №48027816 33029018 48027816

开票日期:2021年05月12日

校验码 12791 30137 92703 71393

购买方	名称:广州市吴志机电股份有限公司 纳税人识别号:91300000000008688N 地址、电话:广州经济技术开发区永和经济区江东街6号 020-62257588 开户行及账号:中国工商银行广州永和支行 0200000000044444321	密码区	-65745<19458<38404817000006 5/37503848*7>234504>-000006 2//5>*8574567-7<8*873000007 <413-3001152-/7142>>8000008

货物或应税劳务、服务名称	规格型号	单位	数量	单价	金额	税率	税额
*皮革毛皮制品*劳保手套		双	1000	0.97087	970.87	3%	29.13
合计							
价税合计(大写)	⊗壹仟元整				(小写)¥1000.00		

销售方	名称:北京三夫户外用品股份有限公司 纳税人识别号:91110107770022008N 地址、电话:北京市西城区北三环中路27号商房大厦601室 010-62051913 开户行及账号:民生银行北京西城支行5522880055888909090	备注	91110107770022008N 发票专用章

收款人: 复核: 开票人: 销售方:(章)

第二联:发票联 购买方记账凭证

图 2-6 增值税普通发票

【业务 2.5.2】

2021 年 5 月 31 日,广州市吴志机电股份有限公司开出转账支票支付本月电费 28928 元,收到增值税专用发票(见图 2-7)和转账支票存根(见图 2-8)。其中生产车间用电 30000 千瓦时,管理部门用电 2000 千瓦时。请据此编制电费分配的记账凭证。

说明:记账凭证号为 022。

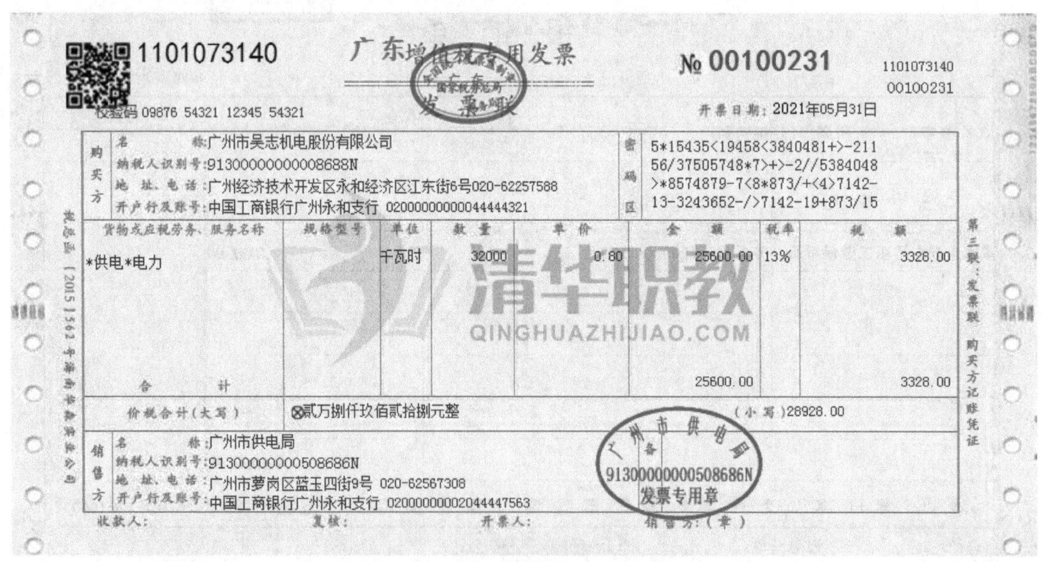
广东增值税专用发票

1101073140 №00100231 1101073140 00100231

开票日期:2021年05月31日

校验码 09876 54321 12345 54321

购买方	名称:广州市吴志机电股份有限公司 纳税人识别号:91300000000008688N 地址、电话:广州经济技术开发区永和经济区江东街6号020-62257588 开户行及账号:中国工商银行广州永和支行 0200000000044444321	密码区	5*15435<19458<3840481+>-211 56/37505748*7>+>-2//5384048 >*8574879-7<8*873/+<4>7142- 13-3243652-/>7142-19+873/15

货物或应税劳务、服务名称	规格型号	单位	数量	单价	金额	税率	税额
*供电*电力		千瓦时	32000	0.80	25600.00	13%	3328.00
合计					25600.00		3328.00
价税合计(大写)	⊗贰万捌仟玖佰贰拾捌元整				(小写)28928.00		

销售方	名称:广州市供电局 纳税人识别号:91300000000508686N 地址、电话:广州市萝岗区蓝玉四街9号 020-62567308 开户行及账号:中国工商银行广州永和支行 0200000002044447563	备注	广州市供电局 91300000000508686N 发票专用章

收款人: 复核: 开票人: 销售方:(章)

第三联:发票联 购买方记账凭证

图 2-7 增值税专用发票

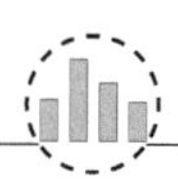

中国工商银行
转账支票存根
30479320
20477230
附加信息

出票日期 2021 年 05 月 31 日
收款人：广州市供电局
金 额：¥28928.00
用 途：电费
单位主管 会计

图 2-8 转账支票存根

【业务 2.5.3】

2021 年 5 月 31 日，广州市吴志机电股份有限公司汇总领料凭证。请根据背景资料（见图 2-9～图 2-14）编制领用材料的记账凭证。

说明：记账凭证号为 050-1/2、050-2/2。

领料凭证汇总表

材料名称	管理部门	基本生产车间			合 计
	一般耗用	甲产品	乙产品	一般耗用	
材料 a		250000.00	150000.00		400000.00
机物料	500.00			1000.00	1500.00
材料 b				1000.00	1000.00
合 计	500.00	250000.00	150000.00	2000.00	402500.00

图 2-9 领料凭证汇总表

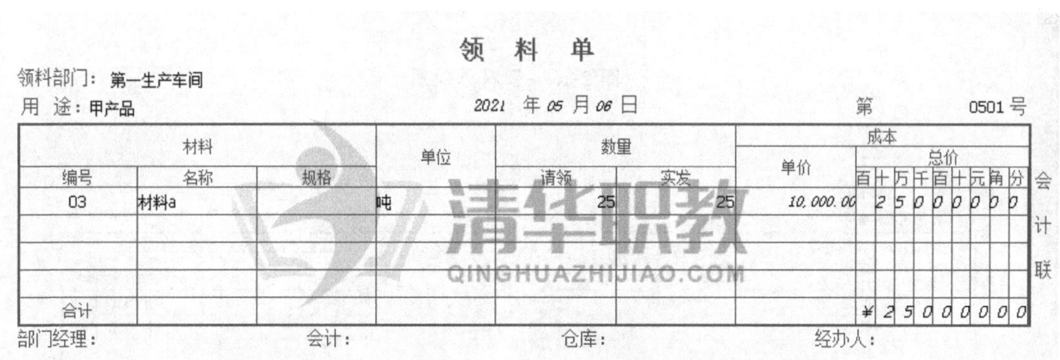

领 料 单

领料部门：第一生产车间
用 途：甲产品　　2021 年 05 月 06 日　　第 0501 号

材料			单位	数量		成本	
编号	名称	规格		请领	实发	单价	总价
03	材料a		吨	25	25	10,000.00	25000000
合计							¥25000000

会计联

部门经理：　　会计：　　仓库：　　经办人：

图 2-10 领料单（1）

领 料 单

领料部门：第二生产车间

用　途：乙产品　　2021 年 05 月 16 日　　第 0502 号

材料			单位	数量		成本										会计联
						单价	总价									
编号	名称	规格		请领	实发		百	十	万	千	百	十	元	角	分	
03	材料a		吨	15	15	10,000.00		1	5	0	0	0	0	0	0	
合计							¥	1	5	0	0	0	0	0	0	

部门经理：　　会计：　　仓库：　　经办人：

图 2-11　领料单(2)

领 料 单

领料部门：基本生产车间

用　途：车间办公耗用　　2021 年 05 月 18 日　　第 0503 号

材料			单位	数量		成本										会计联
						单价	总价									
编号	名称	规格		请领	实发		百	十	万	千	百	十	元	角	分	
12	材料b		张	2000	2000	0.50				1	0	0	0	0	0	
合计									¥	1	0	0	0	0	0	

部门经理：　　会计：　　仓库：　　经办人：

图 2-12　领料单(3)

领 料 单

领料部门：基本生产车间

用　途：机物料消耗，维修耗用　　2021 年 05 月 20 日　　第 0504 号

材料			单位	数量		成本										会计联
						单价	总价									
编号	名称	规格		请领	实发		百	十	万	千	百	十	元	角	分	
16	工具		套	3	3	250.00					7	5	0	0	0	
18	机油		升	25	25	10.00					2	5	0	0	0	
合计									¥	1	0	0	0	0	0	

部门经理：　　会计：　　仓库：　　经办人：

图 2-13　领料单(4)

领 料 单

领料部门：管理部门

用　途：机物料消耗　　2021 年 05 月 20 日　　第 0505 号

材料			单位	数量		成本										会计联
						单价	总价									
编号	名称	规格		请领	实发		百	十	万	千	百	十	元	角	分	
18	机油		升	5	5	10.00						5	0	0	0	
19	汽油		升	90	90	5.00					4	5	0	0	0	
合计										¥	5	0	0	0	0	

部门经理：　　会计：　　仓库：　　经办人：

图 2-14　领料单(5)

【业务 2.5.4】

2021 年 5 月 31 日，广州市吴志机电股份有限公司为生产部门的机器、管理部门的办公设备投保，通过转账支票向太平洋保险公司支付财产保险费，保费分别为 2000 元和 1500 元。请根据背景单据(见图 2-15 和图 2-16)编制记账凭证。

说明：记账凭证号为 055。

中国太平洋人寿保险股份有限公司
China Pacific Life Insurance Co.,Ltd.广州分公司
[illegible]发票　保险费
RETEDINVOICE　PREMIUM
发票代码：231001533943
发票号码：01318381
本发票限于[illegible]年6月30日前使用
金额：人民币叁仟伍佰元整　￥3500.00元
险种：财产保险费
收款单位（加盖发票专用章）
工商登记号：3100001006820-9000
税务登记号：31004373621436X
开票日期：2021 年　05月

图 2-15　财产保险费发票

中国工商银行
转账支票存根
30909780
20678230
附加信息
出票日期 2021 年 05 月 31 日
收款人：中国太平洋财产保险股份有限公司
金　额：¥3500.00
用　途：保险费
单位主管　会计

图 2-16　转账支票存根

【业务 2.5.5】

2021 年 5 月 31 日，广州市吴志机电股份有限公司计提折旧费用。请根据背景资料(见图 2-17)编制记账凭证。

说明：记账凭证号为 058。

固定资产折旧计算明细表

部　门	固定资产名称	原　值	月折旧率(%)	月折旧额
生产车间	机器设备	400000	0.8	3200
	房屋及建筑物	500000	0.2	1000
	小　计	900000		4200
管理部门	房屋建筑物	100000	0.4	400
	设　备	40000	0.7	280
	小　计	140000		680
合　计		1040000		4880

图 2-17　固定资产折旧计算明细表

【业务 2.5.6】

2021 年 5 月 31 日，广州市吴志机电股份有限公司分配工资费用。请根据背景资料(见图 2-18)编制记账凭证。

说明：记账凭证号为 060。

工资费用分配表

应借科目	明细科目	成本或费用项目	直接计入	工资费用合计
生产成本	甲产品	直接人工	30000.00	30000.00
生产成本	乙产品	直接人工	20000.00	20000.00
制造费用	工　资	工　资	5400.00	5400.00
管理费用	工　资	工　资	8768.00	8768.00
销售费用	工　资	工　资	5760.00	5760.00
合　计			69928.00	69928.00

图 2-18　工资费用分配表

【业务 2.5.7】

2021 年 5 月 31 日，广州市吴志机电股份有限公司支付困难补助金。请根据背景资料(见图 2-19)编制记账凭证。

说明：因为该公司福利费每年发生较少，所以不计提，而是在发生时直接计入成本费用。记账凭证号为 061。

职工福利费申请表

申请人单位：基本生产车间

申请时间：2021年05月27日

姓名：阳瑞　出生年月：1965年6月　职务职称：生产工人

申请理由：生活困难，请求补助

金额：￥756.00　大写：柒佰伍拾陆元零角零分

单位意见：属实，同意！

福利费管理小组审核意见：同意！

图 2-19　职工福利费申请表

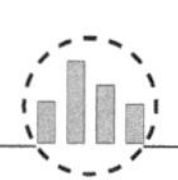

【业务 2.5.8】

根据业务 2.5.1～业务 2.5.7 所编制的记账凭证登记制造费用明细账。

说明：制造费用明细账上期余额为 0，本期直接记账。除业务 2.5.1～业务 2.5.7 涉及的业务外，公司未发生其他制造费用。

【业务 2.5.9】

根据背景资料（见图 2-20）以及业务 2.5.8 编制的制造费用明细账，编制制造费用分配表。

说明：分配率保留 5 位小数，金额保留 2 位小数。

机器工时统计表

产品名称	机器工时
甲产品	2600
乙产品	1400
合　计	4000

图 2-20　机器工时统计表

【业务 2.5.10】

承接业务 2.5.8 和业务 2.5.9，2021 年 5 月 31 日，编制结转制造费用的记账凭证。

说明：记账凭证号为 068-1/2、068-2/2。

任务 2.6　制造费用按生产工人工资比例分配

【业务 2.6.1】

2021 年 6 月 30 日，根据背景资料（见图 2-21 和图 2-22）编制北京福瑞机械股份有限公司制造费用分配表。

说明：本月发生的制造费用均已登记入账，分配率保留 5 位小数，金额保留 2 位小数，尾差在 H1 铣床调整。

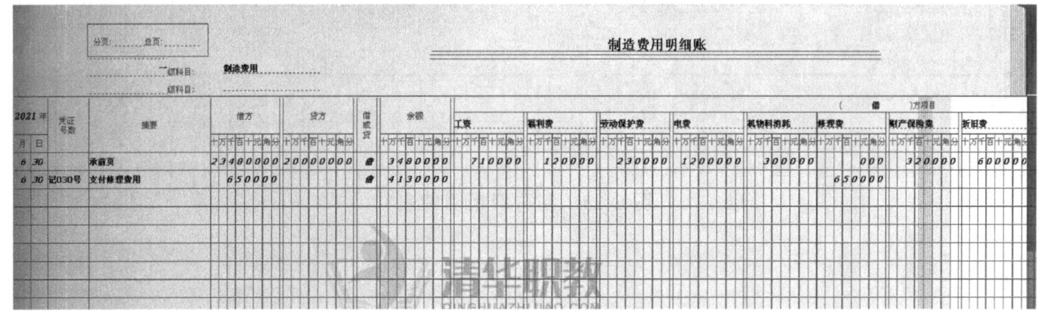

制造费用明细账

分页：　　总页：

一级科目：制造费用

二级科目：

2021年 月	日	凭证号数	摘要	借方	贷方	借或贷	余额	工资	福利费	劳动保护费	电费	机物料消耗	修理费	财产保险费	折旧费
6	30		承前页	23480000	20000000	借	3480000	710000	120000	230000	1200000	300000	000	320000	600000
6	30	记030号	支付修理费用	650000		借	4130000						650000		

图 2-21　制造费用明细账

工资费用分配表

应借科目	明细科目	成本或费用项目	直接计入	工资费用合计
生产成本	C1 车床	直接人工	35000.00	35000.00
生产成本	H1 铣床	直接人工	25000.00	25000.00
制造费用	工　资	工　资	7100.00	7100.00
管理费用	工　资	工　资	8600.00	8600.00
销售费用	工　资	工　资	5400.00	5400.00
合　计			81100.00	81100.00

图 2-22　工资费用分配表

【业务 2.6.2】

承接业务 2.6.1，根据所编制的制造费用分配表编制记账凭证。

说明：记账凭证号为 031-1/2、031-2/2。

任务 2.7　制造费用按生产工时比例分配

【业务 2.7.1】

2021 年 5 月 31 日，根据背景资料(见图 2-23 和图 2-24)编制北京力豪实业有限公司制造费用分配表。

说明：本月发生的制造费用均已登记入账，分配率保留 5 位小数，金额保留 2 位小数，尾差在 CAD 产品调整。

分页：　　总页：

制造费用明细账

一级科目：制造费用
级科目：

2021年 月	日	凭证号数	摘要	工资	福利费	机物料消耗	电费	修理费	折旧费		
5	31		承前页	750000	100000	675000	235000	490000	000		
	31	记070号	计提本月折旧费用						260000		

图 2-23　制造费用明细表

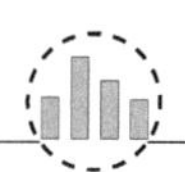

生产工时统计表

产品名称	生产工时
PDC	2800
PDF	2000
CAD	2200
合　计	7000

图 2-24　生产工时统计表

【业务 2.7.2】

承接业务 2.7.1,2021 年 5 月 31 日,根据所编制的制造费用分配表编制记账凭证。

说明：记账凭证号为 075-1/2、075-2/2。

项目 3

生产费用在完工产品和在产品之间的分配

任务 3.1 约当产量法

【业务 3.1.1】

2021 年 6 月 30 日，北京力豪实业有限公司运用约当产量法核算 PDC 产品月末在产品和完工产品的成本。请根据背景资料(见图 3-1 和图 3-2)计算分配直接人工和制造费用时第一生产步骤在产品的约当产量，填写约当产量计算表。

产量统计表

项　目	生产工序	盘点数量（个）	完工程度（%）	备注
PDC 产成品	完工产品	3700	100	本月完工数量
第一生产步骤	第一道工序	450	50	本月在产品数量
第一生产步骤	第二道工序	300	50	本月在产品数量
第一生产步骤	第三道工序	600	50	本月在产品数量
第二生产步骤	第一道工序	1200	50	本月在产品数量
第二生产步骤	第二道工序	750	50	本月在产品数量
合　计		7000		完工产品与在产品合计

图 3-1　产量统计表

产品定额耗用表

产品名称	PDC 产品	产品代码	LI25
定额材料耗用总额（元）	130	定额工时总量（小时）	10
生产步骤	所在工序	工时定额	投料情况
第一生产步骤	第一道工序	2	本工序开始时一次投入
	第二道工序	2	
	第三道工序	1	
	小　计	5	
第二生产步骤	第一道工序	1	
	第二道工序	4	
	小　计	5	

图 3-2　产品定额耗用表

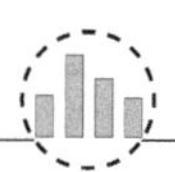

【业务 3.1.2】

承接业务 3.1.1,2021 年 6 月 30 日,计算分配直接人工和制造费用时第二生产步骤在产品的约当产量,填写约当产量计算表。

【业务 3.1.3】

承接业务 3.1.1 和业务 3.1.2,2021 年 6 月 30 日,请根据背景资料(见图 3-3～图 3-6)编制产品成本计算表。

说明:分配率保留 5 位小数。

生产成本明细分类账

分页:　　总页:

科目名称 生产成本
生产批号
生产车间 基本生产车间
产品名称 PDC产品　　数量　　产品规格　　完成产量

2021年 月	日	凭证号数	摘要	借方	贷方	借或贷	余额	成本 直接材料	直接人工	制造费用
5	31		承前页	20650500		借	20650500	11500000	2707900	6442600
	31	记069号	结转成本		13800000	借	6850500	8500000	1580000	3720000
	31		本月合计	6850500	13800000	借	6850500	3000000	1127900	2722600

图 3-3　生产成本明细分类账

材料费用分配表

分配对象		成本费用项目	直接计入金额(元)	分配计入			材料费用合计(元)
管理部门			650.00	定额耗用量	费用分配率	分配金额	650.00
基本生产车间		修理费用	2000.00				2000.00
基本生产车间	PDC产品	直接材料	56300.00	96.00	100.00000	9600.00	65900.00
	PDF产品	直接材料	36000.00	40.00	100.00000	4000.00	40000.00
	CAD产品	直接材料	10072.00	19.28	100.00000	1928.00	12000.00
	小计		102372.00	155.28	100.00000	15528.00	117900.00
辅助生产车间	修理车间	修理费用	2520.00				2520.00
	运输车间	修理费用	2480.00				2480.00
	小计		5000.00				5000.00
合　计			110022.00			15528.00	125550.00

图 3-4　材料费用分配表

制造费用分配表

分配对象	分配标准(实际工时)	分配率	分配金额(元)
PDC 产品	15720	2.50000	39300.00
PDF 产品	3120	2.50000	7800.00
CAD 产品	2800	2.50000	7000.00
合　计	21640	2.50000	54100.00

图 3-5　制造费用分配表

工资费用汇总表

部门	人员类别	PDC 产品	PDF 产品	CAD 产品	应发工资
辅助生产车间	运输车间生产人员				6050.00
	修理车间生产人员				4810.00
基本生产车间	生产人员	13400.00	7150.00	6000.00	26550.00
	管理人员				3000.00
管理部门	管理人员				12500.00
专设销售机构	销售人员				18200.00
合　计		13400.00	7150.00	6000.00	71110.00

图 3-6　工资费用汇总表

任务 3.2　定额成本计价法

【业务 3.2.1】

2021 年 6 月 30 日，北京力豪实业有限公司运用定额成本计价法核算成本。请根据背景资料（见图 3-7 和图 3-8）计算在产品直接材料定额成本，编制直接材料定额耗用表。

说明：金额保留 2 位小数。

产量统计表

名称	盘点项目	正在加工	完工程度	加工完成	盘点数量合计	备注
PDF 产品	PDF 产品	0	—	200	200	组装完工产成品
D101 号零件	D101 号零件	50	50%	60	110	加工完成零件待组装成 PDF 成品
D102 号零件	D102 号零件	80	50%	100	180	加工完成零件待组装成 PDF 成品
D103 号零件	D103 号零件	40	50%	50	90	加工完成零件待组装成 PDF 成品
D104 号零件	D104 号零件	100	50%	160	260	加工完成零件待组装成 PDF 成品
合　计		270	—	570	840	完工产品与在产品合计

图 3-7　产量统计表

产品定额耗用表

产品名称	PDF 产品		产品代码	LI33	
定额材料耗用总额（元）	113.00		定额工时总量（小时）	—	
零件	直接人工定额（元/小时）	制造费用定额（元/小时）	工时定额（小时）	定额材料耗用额（元）	投料情况
D101 号零件	0.57	0.6	14	40.00	开始生产时一次投入
D102 号零件	0.57	0.6	10	28.00	开始生产时一次投入
D103 号零件	0.57	0.6	8	35.00	开始生产时一次投入
D104 号零件	0.57	0.6	6	10.00	开始生产时一次投入
合　计	—	—	—	113.00	

图 3-8　产品定额耗用表

【业务 3.2.2】

承接业务 3.2.1,2021 年 6 月 30 日,计算在产品直接人工定额成本,编制直接人工定额耗用表。

说明:金额保留 2 位小数。

【业务 3.2.3】

承接业务 3.2.1,2021 年 6 月 30 日,计算在产品制造费用定额成本,编制制造费用定额耗用表。

说明:金额保留 2 位小数。

【业务 3.2.4】

承接业务 3.2.1～业务 3.2.3,2021 年 6 月 30 日,根据背景资料(见图 3-9～图 3-12)编制产品成本计算表。

说明:单位成本保留 4 位小数,其余保留 2 位小数。

生产成本明细分类账

科目名称 生产成本
生产批号
生产车间 基本生产车间
产品名称 PDF产品　数量　产品规格　完成产量

分页:　总页:

2021年 月	日	凭证号数	摘要	借方	贷方	借或贷	余额	成本 直接材料	成本 直接人工	成本 制造费用
5	31		承前页	15200000		借	15200000	8950000	2430000	3820000
	31	记070号	结转成本		14640000	借	560000	8650000	2300000	3690000
	31		本月合计	560000	14640000	借	560000	300000	130000	130000

图 3-9　生产成本明细分类账

材料费用分配表

分配对象		成本费用项目	直接计入金额(元)	分配计入			材料费用合计(元)
管理部门			650.00	定额耗用量	费用分配率	分配金额	650.00
基本生产车间		修理费用	2000.00				2000.00
基本生产车间	PDC	直接材料	56300.00	96.00	100.00000	9600.00	65900.00
	PDF	直接材料	36000.00	40.00	100.00000	4000.00	40000.00
	CAD	直接材料	10072.00	19.28	100.00000	1928.00	12000.00
	小　计		102372.00	155.28	100.00000	15528.00	117900.00
辅助生产车间	修理车间	修理费用	2520.00				2520.00
	运输车间	修理费用	2480.00				2480.00
	小　计		5000.00				5000.00
合　计			110022.00			15528.00	125550.00

图 3-10　材料费用分配表

制造费用分配表

分配对象	分配标准(实际工时)	分配率	分配金额(元)
PDC 产品	15720	2.50000	39300.00
PDF 产品	3120	2.50000	7800.00
CAD 产品	2800	2.50000	7000.00
合　计	21640	2.50000	54100.00

图 3-11　制造费用分配表

工资费用汇总表

部门	人员类别	PDC 产品	PDF 产品	CAD 产品	应发工资
辅助生产车间	运输车间生产人员				6050.00
	修理车间生产人员				4810.00
基本生产车间	生产人员	13400.00	7150.00	6000.00	26550.00
	管理人员				3000.00
管理部门	管理人员				12500.00
专设销售机构	销售人员				18200.00
合　计		13400.00	7150.00	6000.00	71110.00

图 3-12　工资费用汇总表

【业务 3.2.5】

承接业务 3.2.4,2021 年 6 月 30 日,根据所编制的产品成本计算表编制结转完工产品成本的记账凭证。

说明: 结果保留 2 位小数,记账凭证号为 077。

任务 3.3　定额比例计价法

【业务 3.3.1】

2021 年 6 月 30 日,北京力豪实业有限公司运用定额比例计价法核算成本。根据背景资料(见图 3-13～图 3-18)编制产品成本计算表。

说明: 分配率和单位成本保留 5 位小数,其他金额保留 2 位小数,尾差在月末在产品成本调整。

【业务 3.3.2】

承接业务 3.3.1,2021 年 6 月 30 日,根据所编制的产品成本计算表编制结转完工产品成本的记账凭证。

说明: 采用三级明细科目核算。记账凭证号为 078。

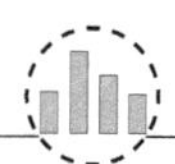

材料费用分配表

分配对象		成本费用项目	直接计入金额（元）	分配计入			材料费用合计（元）
管理部门			650.00	定额耗用量	费用分配率	分配金额	650.00
基本生产车间		修理费用	2000.00				2000.00
基本生产车间	PDC 产品	直接材料	56300.00	96.00	100.00000	9600.00	65900.00
	PDF 产品	直接材料	36000.00	40.00	100.00000	4000.00	40000.00
	CAD 产品	直接材料	10072.00	19.28	100.00000	1928.00	12000.00
	小　计		102372.00	155.28	100.00000	15528.00	117900.00
辅助生产车间	修理车间	修理费用	2520.00				2520.00
	运输车间	修理费用	2480.00				2480.00
	小　计		5000.00				5000.00
合　计			110022.00			15528.00	125550.00

图 3-13　材料费用分配表

产量统计表

名　称	盘点项目	盘点数量	完工程度	备　注
CAD 产成品	完工产品	400	100%	本月完工数量
E101 号零件	第一道工序	300	50%	在产品
E101 号零件	第二道工序	200	50%	在产品
E102 号零件	第一道工序	150	50%	在产品
E102 号零件	第二道工序	100	50%	在产品
合　计		1150		完工产品与在产品合计

图 3-14　产量统计表

生产成本明细分类账

分页：　总页：

科目名称 生产成本
生产批号
生产车间 基本生产车间
产品名称 CAD产品　数量　产品规格　完成产量

2021年 月	日	凭证号数	摘要	借方	贷方	借或贷	余额	成本：直接材料	直接人工	制造费用
5	31		承前页	14700000		借	14700000	7750000	2540000	4410000
	31	记071号	结转成本		13200000	借	1500000	7150000	2140000	3910000
	31		本月合计	1500000	13200000	借	1500000	600000	400000	500000

图 3-15　生产成本明细分类账

工资费用汇总表

部门	人员类别	PDC 产品	PDF 产品	CAD 产品	应发工资
辅助生产车间	运输车间生产人员				6050.00
	修理车间生产人员				4810.00
基本生产车间	生产人员	13400.00	7150.00	6000.00	26550.00
	管理人员				3000.00
管理部门	管理人员				12500.00
专设销售机构	销售人员				18200.00
合　计		13400.00	7150.00	6000.00	71110.00

图 3-16　工资费用汇总表

产品定额耗用表

产品名称	CAD 产品			产品代码	LI28	
定额材料耗用总额(元)	11.00			定额工时总量(小时)	—	
零件	所在工序	工时定额(小时)	直接人工定额(元/小时)	制造费用定额(元/小时)	定额材料耗用额(元)	投料情况
E101号零件	第一道工序	3	2	2.5	5.00	开始生产时一次投入
	第二道工序	2	2	2.5	—	
	小　计	5	—	—	5.00	
E102号零件	第一道工序	2	2	2.5	6.00	开始生产时一次投入
	第二道工序	1	2	2.5	—	
	小　计	3	—	—	6.00	
合　计		—	—	—	11.00	

图 3-17　产品定额耗用表

制造费用分配表

分配对象	分配标准(实际工时)	分配率	分配金额(元)
PDC 产品	15720	2.50000	39300.00
PDF 产品	3120	2.50000	7800.00
CAD 产品	2800	2.50000	7000.00
合　计	21640	2.50000	54100.00

图 3-18　制造费用分配表

任务 3.4　不计在产品成本法

【业务 3.4.1】

2021 年 5 月 31 日,北京福瑞机械股份有限公司运用不计在产品成本法核算成本。根据背景资料(见图 3-19～图 3-24)编制 C1 车床的产品成本计算表。

说明:结果保留 2 位小数。

盘点表

名　称	盘点项目	盘点数量	备　注
C1 车床	完工产品	200	本月完工数量
C1 车床	在产品	2	在产品
合　计		202	完工产品与在产品合计

图 3-19　盘点表

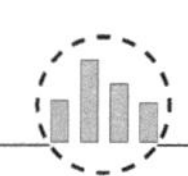

工资汇总表

部　门	人员类别	基本工资	病事假扣款	奖　金	应发工资
基本生产车间	第一车间生产人员	168500.00	2000.00	35000.00	201500.00
	第二车间生产人员	102000.00	1000.00	28000.00	129000.00
辅助生产车间	供电车间	8000.00	—	1000.00	9000.00
	修理车间	3000.00	—	500.00	3500.00
	运输车间	5000.00	—	600.00	5600.00
管理部门	管理人员	35200.00	500.00	12000.00	46700.00
专设销售机构	销售人员	58000.00	1000.00	22000.00	79000.00
基本生产车间	管理人员	5000.00	500.00	2000.00	6500.00
合　计		384700.00	5000.00	101100.00	480800.00

图 3-20　工资汇总表

领料凭证汇总表

材料名称	基本生产车间		辅助生产车间			合　计
	第一车间 C1 机床	第二车间 H1 铣床	供电车间	修理车间	运输车间	
锰铁合金	158000.00	65000.00	29000.00		2000.00	254000.00
电机 D345	82000.00	47000.00		2500.00		131500.00
不锈钢丝	25000.00	18000.00	30250.00			73250.00
合　计	265000.00	130000.00	59250.00	2500.00	2000.00	458750.00

图 3-21　领料凭证汇总表

辅助生产费用分配表

辅助生产车间			供电车间	修理车间	运输车间	合　计
计量单位			千瓦时	工时	千米	
劳务数量			100000	2500	10000	
分配金额			68250.00	13500.00	21900.00	103650.00
分配率			0.68250	5.40000	2.19000	
基本生产车间	第一车间 C1 机床	耗用数量	35000	1300	4000	
		分配金额	23887.50	7020.00	8760.00	39667.50
	第二车间 H1 铣床	耗用数量	30000	900	2500	
		分配金额	20475.00	4860.00	5475.00	30810.00
	金额小计		44362.50	11880.00	14235.00	70477.50
管理部门		耗用数量	25000	50	1500	
		分配金额	17062.50	270.00	3285.00	20617.50
销售部门		耗用数量	10000	250	2000	
		分配金额	6825.00	1350.00	4380.00	12555.00
合　计			68250.00	13500.00	21900.00	103650.00

图 3-22　辅助生产费用分配表

制造费用分配表

分配对象	分配标准(工人工资)	分配率	分配金额(元)
C1 机床	201500.00	0.35500	71532.50
H1 铣床	129000.00	0.35500	45795.00
合 计	330500.00	0.35500	117327.50

图 3-23 制造费用分配表

图 3-24 生产车间组织架构图

【业务 3.4.2】

承接业务 3.4.1,2021 年 5 月 31 日,根据所编制的产品成本计算表编制本月结转完工产品成本的记账凭证。

说明:记账凭证号为 052。

任务 3.5 固定成本计价法

【业务 3.5.1】

2021 年 5 月 31 日,北京福瑞机械股份有限公司根据背景资料(见图 3-25)编制入库单。

盘点表

名 称	盘点项目	盘点数量	备 注
H1 铣床	完工产品	200	本月完工数量
H1 铣床	在产品	80	在产品
合 计		280	完工产品与在产品合计

图 3-25 盘点表

【业务 3.5.2】

承接业务 3.5.1,2021 年 5 月 31 日,北京福瑞机械股份有限公司运用固定成本计价法核

算成本。根据背景资料(见图 3-26～图 3-30)编制产品成本计算表。

说明：单位成本保留 3 位小数，其余金额保留 2 位小数。

工资汇总表

部　门	人员类别	基本工资	病事假扣款	奖　金	应发工资
基本生产车间	第一车间生产人员	168500.00	2000.00	35000.00	201500.00
	第二车间生产人员	102000.00	1000.00	28000.00	129000.00
辅助生产车间	供电车间	8000.00	—	1000.00	9000.00
	修理车间	3000.00	—	500.00	3500.00
	运输车间	5000.00	—	600.00	5600.00
管理部门	管理人员	35200.00	500.00	12000.00	46700.00
专设销售机构	销售人员	58000.00	1000.00	22000.00	79000.00
基本生产车间	管理人员	5000.00	500.00	2000.00	6500.00
合　计		384700.00	5000.00	101100.00	480800.00

图 3-26　工资汇总表

领料凭证汇总表

材料名称	基本生产车间		辅助生产车间			合　计
	第一车间C1 机床	第二车间H1 铣床	供电车间	修理车间	运输车间	
锰铁合金	158000.00	65000.00	29000.00		2000.00	254000.00
电机 D345	82000.00	47000.00		2500.00		131500.00
不锈钢丝	25000.00	18000.00	30250.00			73250.00
合　计	265000.00	130000.00	59250.00	2500.00	2000.00	458750.00

图 3-27　领料凭证汇总表

辅助生产费用分配表

辅助生产车间			供电车间	修理车间	运输车间	合　计
计量单位			千瓦时	工时	千米	
劳务数量			100000	2500	10000	
分配金额			68250.00	13500.00	21900.00	103650.00
分配率			0.68250	5.40000	2.19000	
基本生产车间	第一车间C1 机床	耗用数量	35000	1300	4000	
		分配金额	23887.50	7020.00	8760.00	39667.50
	第二车间H1 铣床	耗用数量	30000	900	2500	
		分配金额	20475.00	4860.00	5475.00	30810.00
	金额小计		44362.50	11880.00	14235.00	70477.50
管理部门		耗用数量	25000	50	1500	
		分配金额	17062.50	270.00	3285.00	20617.50
销售部门		耗用数量	10000	250	2000	
		分配金额	6825.00	1350.00	4380.00	12555.00
合　计			68250.00	13500.00	21900.00	103650.00

图 3-28　辅助生产费用分配表

制造费用分配表

分配对象	分配标准（工人工资）	分配率	分配金额（元）
C1 机床	201500.00	0.35500	71532.50
H1 铣床	129000.00	0.35500	45795.00
合 计	330500.00	0.35500	117327.50

图 3-29　制造费用分配表

生产成本明细分类账

分页：　　总页：

科目名称 生产成本　　投产日
生产批号　　完工日
生产车间 第二车间
产品名称 H1铣床　数量 200台　产品规格　完成产量 200台

2021年 月	日	凭证号数	摘要	借方	贷方	借或贷	余额	成本 直接材料	直接人工	制造费用
04	30		承前页	12000000		借	12000000	7200000	2350000	2450000
	30	记069号	结转成本		10500000	借	1500000	6200000	2050000	2250000
	30		本月合计	12000000	10500000	借	1500000	1000000	300000	200000

图 3-30　生产成本明细分类账

【业务 3.5.3】

承接业务 3.5.1 和业务 3.5.2，2021 年 5 月 31 日，根据所编制的产品成本计算表编制结转完工产品成本的记账凭证。

说明：记账凭证号为 073。

任务 3.6　按所耗原材料费用计价法

【业务 3.6.1】

2021 年 7 月 31 日，厦门造纸厂第一车间工作人员将完工白纸板交由一号仓库管理员入库。请根据盘点表（见图 3-31）编制入库单。

盘点表

名　称	盘点项目	盘点数量（吨）	备　注
甲产品（白纸板）	完工产品	400	本月完工数量
甲产品（白纸板）	在产品	200	在产品
合　计		600	完工产品与在产品合计

图 3-31　盘点表

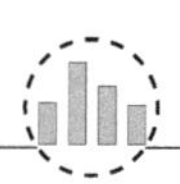

【业务 3.6.2】

承接业务 3.6.1,2021 年 7 月 31 日,厦门造纸厂运用按所耗原材料费用计价法核算成本。白纸板月初在产品直接材料成本 3000 元,本月发生生产费用 23000 元,其中,直接材料 12000 元,直接人工 8000 元,制造费用 3000 元,请编制甲产品的产品成本计算表。

说明:原材料在开始生产时一次性投入,金额保留 2 位小数。

【业务 3.6.3】

承接业务 3.6.1 和业务 3.6.2,2021 年 7 月 31 日,根据所编制的产品成本计算表编制结转完工产品成本的记账凭证。

说明:记账凭证号为 069。

项目 4

产品成本计算的基本方法

任务 4.1　编制费用分配表

【业务 4.1.1】

2021 年 6 月 30 日，根据背景资料(见图 4-1～图 4-12)，编制其他费用分配表。

企业概况

厦门光达机械厂设有一车间、二车间两个基本生产车间，大批量生产甲、乙、丙3种产品，其工艺过程为单步骤生产。一车间生产甲、乙两种产品，二车间生产丙产品。还设有供电、机修两个辅助生产车间，为基本生产车间和管理部门提供服务。辅助生产车间的制造费用不通过“制造费用”账户核算。产品成本包括“直接材料”“直接人工”“制造费用”3个成本项目。甲、乙、丙产品的原材料均在生产开始时一次投入。该企业定额管理基础较好，产品的消耗定额或费用定额比较准确、稳定，甲、乙、丙3种产品各月月末在产品数量变化较大，月末采用定额比例法将本月实际生产费用在本月完工产品和月末在产品之间进行分配。直接材料费用按定额费用比例分配，其他费用按定额工时比例分配。

图 4-1　企业概况

产品产量资料（表 7）

产品名称	月初在产品	本月投产	本月完工	月末在产品
甲	800	7200	6500	1500
乙	600	2300	2900	0
丙	320	3680	3200	800

图 4-2　产品产量资料

月初在产品成本

产品名称	直接材料	直接人工	制造费用	合　计
甲	8090	5880	6830	20800
乙	16000	2685	1880	20565
丙	6160	2968	2728	11856

图 4-3　月初在产品成本

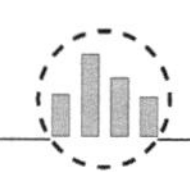

完工产品定额资料（表8）

产品名称	甲产品	乙产品	丙产品
材料费用定额（元）	12	28	20
工时定额（小时）	6	4	1

图 4-4　完工产品定额资料

月末在产品定额资料（表9）

产品名称	甲产品	乙产品	丙产品
材料费用定额（元）	12	28	20
工时定额（小时）	3.5	2	0.5

图 4-5　月末在产品定额资料

经济业务

1.本月以银行存款支付各项费用见表1。

2.本月生产耗用材料费用见表2，生产甲产品耗用材料36300元，生产乙产品耗用材料31300元，生产甲、乙产品共同耗用材料90000元。甲、乙两种产品共同耗用的材料按定额费用的比例进行分配。

3.本月应付工资费用见表3。生产工人的工资按实际生产工时的比例进行分配。

4.计提本月固定资产折旧费。该企业5月管理部门购置一项新设备19800元，已投入使用，同时报废一项旧设备22000元。4月固定资产折旧见表4。

5.摊销低值易耗品价值。各车间、部门本月领用的低值易耗品按规定在5、6两个月之间摊销。各车间领用的低值易耗品见表2。

6.计提借款利息2000元。

7.分配辅助生产费用。辅助生产费用按一次交互分配法进行分配，供电车间、机修车间为各受益对象提供的劳务数量见表5。

8.分配制造费用。一车间的制造费用按产品的实际生产工时比例，在甲、乙两种产品之间进行分配。本月各种产品的实际生产工时见表6。

9.分配各成本项目费用，计算产品成本。完工产品及在产品数量见表7，有关定额资料见表8和表9。

10.结转完工产品成本。

图 4-6　经济业务

银行存款支付汇总表（表1）

部　门	办公费	劳动保护费	差旅费	其他费用
一车间	5800	4000	6000	20000
二车间	1900	2100	1000	3660
供电车间	800	650	300	1000
机修车间	1200	600	230	1500
管理部门	10860	300	5560	2350

图 4-7　银行存款支付汇总表

领料凭证汇总表(表2)

领用部门	材料用途	1—10日	11—20日	21—30日	合　计
一车间	原材料	55000	51800	50800	157600
	低值易耗品	800	800	670	2270
	机物料消耗	2000	2600	1020	5620
	维修用	200	700	900	1800
	小　计	58000	55900	53390	167290
二车间	原材料	20000	26000	15000	61000
	低值易耗品	800	350	200	1350
	机物料消耗	800	700	350	1850
	维修用	300	200	900	1400
	小　计	21900	27250	16450	65600
供电车间	低值易耗品	400	307	280	987
	机物料消耗	1000	600	600	2200
	维修用	200	400	500	1100
	小　计	1600	1307	1380	4287
机修车间	低值易耗品	1000	1100	200	2300
	机物料消耗	800	500	300	1600
	维修用	120	200	600	920
	小　计	1920	1800	1100	4820

图4-8　领料凭证汇总表

工资结算汇总表(表3)

车间或部门	职工类别	应付工资	代扣款项	实发工资
一车间	生产工人	120000	2370	117630
	管理人员	40000	5620	34380
二车间	生产工人	7000	800	6200
	管理人员	2000	198	1802
供电车间	生产工人	6000	500	5500
	管理人员	2000	720	1280
机修车间	生产工人	8000	240	7760
	管理人员	2000	530	1470
管理部门	管理人员	18000	1590	16410
合　计		205000	12568	192432

图4-9　工资结算汇总表

固定资产折旧表(表4)

使用部门	一车间	二车间	供电车间	机修车间	管理部门
折旧额	20000	1500	2000	2980	3000

图4-10　固定资产折旧表

【业务4.1.2】

根据背景资料(见图4-1～图4-12)编制材料费用分配表。

说明：分配率保留4位小数，其他有小数位的保留2位小数，无小数位的保留整数，尾

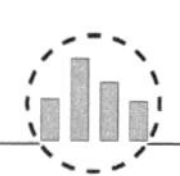

辅助生产车间劳务量（表 5）

受益对象	供电车间（度）	机修车间（工时）
甲产品（生产用）	72300	—
乙产品（生产用）	17400	—
丙产品（生产用）	6400	—
一车间（照明用）	2100	3000
二车间（照明用）	1000	1600
供电车间	—	1000
机修车间	17800	—
管理部门（办公用）	3000	400
合　计	120000	6000

图 4-11　辅助生产车间劳务量

各种产品本月实际生产工时（表 6）

产品名称	甲产品	乙产品	丙产品
实际生产工时	40400	9600	3520

图 4-12　各种产品本月实际生产工时

差在乙产品调整。

【业务 4.1.3】

根据背景资料(见图 4-1～图 4-12)编制工资费用分配表。

说明：分配率保留 2 位小数。

【业务 4.1.4】

根据背景资料(见图 4-1～图 4-12)以及业务 4.1.3 所编制的工资费用分配表，编制职工福利费分配表。

说明：福利费按工资的 14%计提。有小数位的保留 2 位小数，无小数位的保留整数。

【业务 4.1.5】

根据背景资料(见图 4-1～图 4-12)编制固定资产折旧费用分配表。

【业务 4.1.6】

根据背景资料(见图 4-1～图 4-12)编制低值易耗品摊销费用分配表。

说明：有小数位的保留 2 位小数，无小数位的保留整数。

【业务 4.1.7】

根据背景资料(见图 4-1～图 4-13)编制辅助生产费用分配表(交互或计划计算方法)。

说明：分配率保留 4 位小数，其他有小数位的保留 2 位小数，无小数位的保留整数。

辅助生产车间待分配费用

单位:元

供电车间	机修车间	合　计
17663.50	21580	39243.50

图 4-13　辅助生产车间待分配费用

【业务 4.1.8】

根据业务 4.1.1～业务 4.1.7 所编制的费用分配表以及其他相关资料,编制制造费用分配表。

说明: 分配率保留 4 位小数,其他有小数位的保留 2 位小数,无小数位的保留整数。

任务 4.2　品种法(成本计算单)

【业务 4.2.1】

承接任务 4.1,2021 年 6 月 30 日,根据背景资料(见图 4-14)编制完工产品和月末在产品定额计算表。

说明: 有小数位的保留 2 位小数,无小数位的保留整数。

本月生产费用

产品名称	直接材料	直接人工	制造费用	合　计
甲	87863.52	110534.40	99141.60	297539.52
乙	69736.48	26265.60	23558.54	119560.62
丙	61000	7980	23140.52	92120.52

图 4-14　本月生产费用

【业务 4.2.2】

承接任务 4.1 和业务 4.2.1,编制甲产品的完工产品和月末在产品成本计算表。

说明: 分配率保留 4 位小数,其他有小数位的保留 2 位小数,无小数位的保留整数,尾差在月末在产品成本调整。

【业务 4.2.3】

承接任务 4.1 和业务 4.2.1,编制乙产品的完工产品和月末在产品成本计算表。

说明: 分配率保留 4 位小数,其他有小数位的保留 2 位小数,无小数位的保留整数。另外,本月月末在产品成本为 0,所以完工产品成本等于生产费用合计。

【业务 4.2.4】

承接任务 4.1 和业务 4.2.1,编制丙产品的完工产品和月末在产品成本计算表。

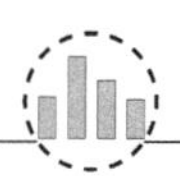

说明：分配率保留4位小数，其他有小数位的保留2位小数，无小数位的保留整数，尾差在月末在产品成本调整。

【业务4.2.5】

根据业务4.2.2～业务4.2.4所编制的产品成本计算表编制产品成本汇总表。

说明：有小数位的保留2位小数，无小数位的保留整数。

任务4.3　逐步综合结转分步法

【业务4.3.1】

2021年6月30日，根据背景资料（见图4-15～图4-21）登记甲产品的生产成本明细账。

企业概况

金陵钱多多家具有限公司大量生产甲产品，设有两个基本生产车间。第一车间加工的甲半成品入半成品库，第二车间从半成品库领甲半成品继续加工后成为乙产成品。该企业采用逐步综合结转分步法进行产品成本核算。月末各步骤在产品成本均采用定额计价法计算。

图4-15　企业概况

产量资料

步　骤	月初在产品	本月投产	本月完工	月末在产品
第一步骤	100	180	200	80
第二步骤	70	290	300	60

图4-16　产量资料

自制半成品收发及结存资料

月初结存量	本月入库量	本月发出量	月末结存量
200	200	290	110

图4-17　自制半成品收发及结存资料

第一车间生产成本明细表

项　目	直接材料	直接人工	制造费用	合　计
月初在产品定额成本	6000	2200	2600	10800
本月生产费用	11000	3800	5400	20200
生产费用累计	17000	6000	8000	31000

图4-18　第一车间生产成本明细表

月末在产品定额成本资料

项　目	半成品	直接材料	直接人工	制造费用	合　计
第一车间在产品定额成本		4800	1200	1600	7600
第二车间在产品定额成本	6720	1180	2800	2500	13200

图 4-19　月末在产品定额成本资料

甲自制半成品明细账

日　期	摘　要	入　库			发　出			结　存		
		数量	单位成本	金额	数量	单位成本	金额	数量	单位成本	金额
6月1日	月初结存							200	114	22800

图 4-20　甲自制半成品明细账

第二车间生产成本明细表

项　目	半成品	直接材料	直接人工	制造费用	合　计
月初在产品定额成本	7730	1400	2200	2400	13730
本月生产费用	33640	6380	13800	13600	67420

图 4-21　第二车间生产成本明细表

【业务 4.3.2】

承接业务 4.3.1,根据背景资料(见图 4-15～图 4-21)登记乙产品的生产成本明细账。

【业务 4.3.3】

承接业务 4.3.1 和业务 4.3.2,根据相关资料编制乙产品成本还原表。

说明:分配率保留 5 位小数,单位成本保留 2 位小数,其他有小数位的保留 2 位小数,无小数位的保留整数。

任务 4.4　逐步分项结转分步法

【业务 4.4.1】

2021 年 5 月 31 日,根据背景资料(见图 4-22～图 4-28)登记 Q 半成品的生产成本明细账。

【业务 4.4.2】

承接业务 4.4.1,根据背景资料(见图 4-22～图 4-28)登记 B 产品的生产成本明细账。

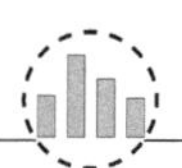

企业概况

宝塔事业股份有限公司生产B产品，设有两个基本生产车间。第一车间生产Q半成品，第一车间生产完工的Q半成品先入半成品库，第二车间从半成品库领用Q半成品继续加工后成为B产品。该企业采用逐步分项结转分步法。月末各步骤在产品成本均按定额成本计价法计算。半成品出库按简单加权平均法计价。

图 4-22　企业概况

产量资料

步　骤	月初在产品	本月投产	本月完工	月末在产品
第一步骤	10	90	80	20
第二步骤	30	70	60	40

图 4-23　产量资料

自制半成品收发及结存资料

月初结存量	本月入库量	本月发出量	月末结存量
50	80	70	60

图 4-24　自制半成品收发及结存资料

第一车间生产成本明细表

项　目	直接材料	直接人工	制造费用	合　计
月初在产品定额成本	1000	600	800	2400
本月生产费用	9080	11800	13520	34400
生产费用累计	10080	12400	14320	36800

图 4-25　第一车间生产成本明细表

月末在产品定额成本资料

项　目	直接材料	直接人工	制造费用	合　计
第一车间在产品定额成本	2000	1200	1600	4800
第二车间在产品定额成本	4400	8000	9000	21400

图 4-26　月末在产品定额成本资料

自制半成品明细表

日　期	摘　要	数量（件）	直接材料	直接人工	制造费用	合　计
5月1日	月初结存	50	5180	7130	8080	20390
	单位成本		103.60	142.60	161.60	407.80

图 4-27　自制半成品明细表

第二车间生产成本明细表

项　目	数量(件)	直接材料	直接人工	制造费用	合　计
月初在产品定额成本	30	3300	4500	9900	17700
从仓库领用自制半成品成本	70	7140	9870	11200	28210
本月生产成本		1160	11630	11900	24690

图 4-28　第二车间生产成本明细表

任务 4.5　平行结转分步法

【业务 4.5.1】

2021 年 6 月 30 日,根据背景资料(见图 4-29～图 4-32)编制甲产品第一步骤的产品成本计算表。

企业概况

厦门光大企业2021年6月生产甲产品，经过两个步骤连续加工制成，所用原材料在生产一开始全部投入。其产品成本核算采用平行结转分步法，采用约当产量法分配生产费用，确定应计入完工产品成本的“份额”和月末广义在产品成本。

图 4-29　企业概况

产量及月末在产品完工程度资料

步　骤	月初在产品	本月投产	本月完工	月末在产品	在产品完工程度
第一步骤	60	140	100	100	50%
第二步骤	90	110	120	80	50%

图 4-30　产量及月末在产品完工程度资料

第一步骤生产成本明细资料

项　目	直接材料	直接人工	制造费用	合　计
月初在产品成本	10000	6000	5000	21000
本月生产费用	20000	8000	11000	39000
生产费用累计	30000	14000	16000	60000

图 4-31　第一步骤生产成本明细资料

第二步骤生产成本明细资料

项　目	直接材料	直接人工	制造费用	合　计
月初在产品成本		6000	5000	11000
本月生产费用		10000	9000	19000
生产费用累计		16000	14000	30000

图 4-32　第二步骤生产成本明细资料

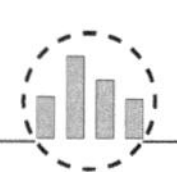

【业务 4.5.2】

承接业务 4.5.1，根据背景资料(见图 4-29～图 4-32)编制甲产品第二步骤的产品成本计算表。

【业务 4.5.3】

承接业务 4.5.1 和业务 4.5.2，编制甲产品的产品成本计算表。

任务 4.6　分　批　法

【业务 4.6.1】

2021 年 5 月 31 日，根据背景资料(见图 4-33～图 4-36)编制材料费用分配表。

企业概况

厦门晨明制造厂是机械制造企业，生产A、B、C、D、E产品。该厂设有一个基本生产车间，根据客户要求按订单分批组织生产，原材料按计划成本计价，产品成本计算采用分批法。

图 4-33　企业概况

月初在产品成本

批　号	产品名称	批量（台）	直接材料	直接人工	制造费用
01	A	100	32480	4760	10460
02	B	50	23450	2560	7228
03	C	80	28660	8650	3658

图 4-34　月初在产品成本

本月发生费用及工时资料

批　号	产品名称	原材料（计划成本）	实际工时（小时）	生产工人工资（元）
01	A	12000	8500	
02	B	7400	5460	
03	C	8450	9000	
04	D	25000	30000	
05	E	18000	9000	
合　计		70850	61960	35000

图 4-35　本月发生费用及工时资料

有关资料

1. 已知材料成本差异率为-4%，批号04、05为本月新投入生产的产品，批量分别为70台和120台。本月共发生制造费用160000元。

2. 本月批号01、02、05的产品已全部完工验收入库；批号04的产品全部在产；批号03的产品本月完工15台，按计划成本转出，直接材料计划单位成本为550元，直接人工计划单位成本为100元，制造费用计划单位成本为1680元，共计2330元。

3. 本月发生的工资费用、制造费用均按实际工时比例分配。

图4-36　有关资料

【业务4.6.2】

承接业务4.6.1，根据背景资料(见图4-33～图4-36)编制工资费用分配表。

说明：分配率保留4位小数，其他有小数位的保留2位小数，无小数位的保留整数，尾差在E产品调整。

【业务4.6.3】

承接业务4.6.1和业务4.6.2，根据背景资料(见图4-33～图4-36)和所编制的工资费用分配表编制职工福利费分配表。

说明：有小数位的保留2位小数，无小数位的保留整数。

【业务4.6.4】

承接业务4.6.1，根据背景资料(见图4-33～图4-36)编制制造费用分配表。

说明：分配率保留4位小数，其他有小数位的保留2位小数，无小数位的保留整数。

【业务4.6.5】

根据业务4.6.1～业务4.6.4所编制的各项费用分配表，登记A产品的产品成本计算表。

说明：单位成本保留2位小数，其他有小数位的保留2位小数，无小数位的保留整数。

【业务4.6.6】

根据业务4.6.1～业务4.6.4所编制的各项费用分配表，登记B产品的产品成本计算表。

说明：单位成本保留2位小数，其他有小数位的保留2位小数，无小数位的保留整数。

【业务4.6.7】

根据业务4.6.1～业务4.6.4所编制的各项费用分配表，登记C产品的产品成本计算表。

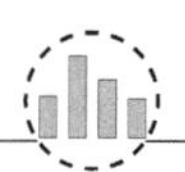

说明：单位成本保留2位小数，其他有小数位的保留2位小数，无小数位的保留整数。

【业务4.6.8】

根据业务4.6.1～业务4.6.4所编制的各项费用分配表，登记D产品的产品成本计算表。

说明：单位成本保留2位小数，其他有小数位的保留2位小数，无小数位的保留整数。

【业务4.6.9】

根据业务4.6.1～业务4.6.4所编制的各项费用分配表，登记E产品的产品成本计算表。

说明：单位成本保留2位小数，其他有小数位的保留2位小数，无小数位的保留整数。

任务4.7 简化分批法

【业务4.7.1】

2021年5月31日，根据背景资料（见图4-37～图4-39）登记生产成本明细账（基本生产成本）。

企业概况和生产计划

1. 企业概况

北京三夫户外用品股份有限公司的生产组织属于小批生产，一个月内投产批数较多，而且月末未完成批数也较多，故产品成本计算采用简化分批法。

2. 生产计划

2021年5月的产品批号有：A-10批号甲产品10件，3月投产，本月完工；A-11批号乙产品20件，4月投产，本月完工8件；A-12批号丙产品15件，4月投产，尚未完工；A-13批号丁产品12件，5月投产，尚未完工。

图4-37 企业概况和生产计划

各批号产品的原材料和工时资料

产品批号	月份	原材料（元）	工时（小时）
A-10	3	6500	7680
	4	2450	9920
	5	1890	19800
A-11	4	12340	35470
	5	13250	20060
A-12	4	7500	21120
	5	3470	45740
A-13	5	20140	38930

图4-38 各批号产品的原材料和工时资料

成本计算的其他资料

1. A-11批号乙产品的原材料在生产开始时一次性投入，其完工8件的工时为24350小时，在产品12件的工时为31180小时。

2. 4月该厂全部在产品发生的工资及福利费为35360元，制造费用为78976元；5月该厂发生的工资及福利费为64000元，制造费用为80000元。

图 4-39　成本计算的其他资料

【业务 4.7.2】

承接业务 4.7.1，登记 A-10 批号甲产品的生产成本明细账。

【业务 4.7.3】

承接业务 4.7.1，登记 A-11 批号乙产品的生产成本明细账。

说明：结果保留 2 位小数。

【业务 4.7.4】

承接业务 4.7.1，登记 A-12 批号丙产品的生产成本明细账。

【业务 4.7.5】

承接业务 4.7.1，登记 A-13 批号丁产品的生产成本明细账。

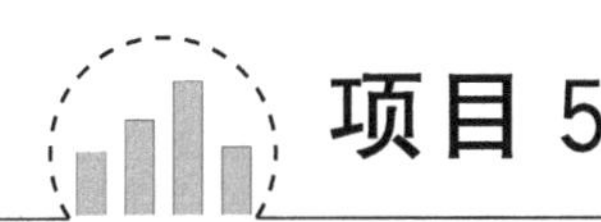

项目 5

产品成本计算的辅助方法

任务 5.1 分 类 法

【业务 5.1.1】

2021 年 6 月 30 日，根据背景资料(见图 5-1～图 5-3)编制产品用料系数计算表。

说明：有小数位的保留 2 位小数，无小数位的保留整数。

企业概况

北京福瑞机械股份有限公司大量生产甲、乙、丙三种产品，它们具有类似的结构和工艺，因此可以归为一类产品，公司采用分类法计算产品成本，月末在产品按定额成本计算。类内各种产品成本的分配方法为：原材料费用按用料系数比例分配；其他各项费用按定额工时比例分配；用料系数根据产品的材料消耗定额计算确定。

图 5-1 企业概况

月初、月末在产品定额成本表

项 目	直接材料	直接人工	制造费用	合 计
月初在产品定额成本	7300	1500	4500	13300
月末在产品定额成本	5200	1000	3000	9200

图 5-2 月初、月末在产品定额成本表

生产费用和定额资料

1. 生产费用

2021年6月发生直接材料65100元，直接人工12250元，制造费用36750元。

2. 定额资料

材料消耗定额为：甲产品9.6千克，乙产品 8 千克，丙产品 6.4千克。

工时消耗定额为：甲产品 6 小时，乙产品 7 小时，丙产品 5 小时。

本月各种产品的产量为：甲产品1500件，乙产品2000件，丙产品500件。

图 5-3 生产费用和定额资料

【业务5.1.2】

承接业务5.1.1,编制产品成本计算表。

【业务5.1.3】

承接业务5.1.1和业务5.1.2,编制各种产品成本计算表。

说明:分配率保留2位小数,其他有小数位的保留2位小数,无小数位的保留整数,尾差在丙产品成本调整。

任务5.2 定 额 法

【业务5.2.1】

2021年5月31日,根据背景资料(见图5-4～图5-7)编制原材料定额成本和脱离定额差异计算表。

企业概况

广州市吴志机电股份有限公司属于大量生产类型企业,长期以来一直生产甲产品。该产品由A、B两个零部件组装而成,生产工艺稳定,且有比较齐全的定额资料,定额管理工作一直做得比较好。该企业采用定额法计算产品成本。为了简化产品定额成本的计算,该企业根据零部件消耗定额直接制定产品定额成本。

图5-4 企业概况

单位产品定额成本计算表

工 序	加工的零部件	原材料定额				各道工序的工时定额(小时)
		消耗材料名称	消耗定额(千克)	计划单价(元)	金额(元)	
一	A零件	M材料	5	20	100	9
二	B零件	N材料	4	50	200	8
三	甲产品	辅助材料	2	10	20	3
合 计					320	20

图5-5 单位产品定额成本计算表

产品定额成本

直接材料	直接人工		制造费用		产品定额成本合计(元)
	计划小时工资率	金额(元)	计划小时费用率	金额(元)	
320	2.5	50	3	60	430

图5-6 产品定额成本

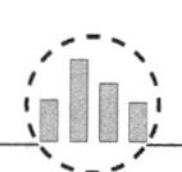

其他相关资料

1. 生产统计资料

生产所需材料系生产开始时一次性投入，从2021年5月1日起修订材料消耗定额，由原来的每台330元调整为每台320元。月初在产品20件，本月投产600件，本月完工产品590件，月末在产品30件。本月材料成本差异率为-2%。脱离定额差异在产成品和月末在产品之间按定额成本比例分配，材料成本差异和定额变动差异全部由产成品负担。

本月实际耗用M材料2900千克，N材料2500千克，辅助材料1200千克；本月定额生产工时11600小时，实际生产工时11000小时；本月实际发生人工费用29700元，制造费用34100元。

2. 月初在产品定额成本资料

月初在产品定额成本为8000元，其中直接材料6600元，直接人工600元，制造费用800元；脱离定额差异为128元，其中直接材料100元，直接人工40元，制造费用-12元；月初在产品直接材料定额成本调整-200元，定额变动差异200元。

图 5-7　其他相关资料

【业务 5.2.2】

承接业务 5.2.1，编制定额人工费用和脱离定额差异汇总表。

【业务 5.2.3】

承接业务 5.2.1，编制定额制造费用和脱离定额差异汇总表。

【业务 5.2.4】

承接业务 5.2.1～业务 5.2.3，登记产品成本明细表。

说明：分配率保留 6 位小数，尾差在月末在产品调整。

任务 5.3　联产品成本计算——系数分配法

【业务 5.3.1】

2021 年 5 月 31 日，根据背景资料(见图 5-8～图 5-10)，采用系数分配法编制联产品成本计算表。

企业概况

厦门化工有限责任公司是一家生产化学用品的公司。其用同一种原材料，在同一生产工艺过程中生产出#201、#202、#203三种联产品。该企业以#201产品作为标准产品。#201产品经过加工分离后，还要对其继续加工。

图 5-8　企业概况

三种产品的产量、售价表

产品名称	产量(件)	售价(元)	系数
#201	2400	5	1
#202	1800	4	0.8
#203	2500	6	0.6

图5-9　三种产品的产量、售价表

5月各项费用资料(无月初、月末在产品成本)

项　目	直接材料	直接人工	制造费用	合　计
分离前综合成本(元)	16020	10680	26700	53400
各成本项目占总成本百分比(%)	30	20	50	100
分离后加工费用(元)	400	90	90	580

图5-10　5月各项费用资料(无月初、月末在产品成本)

【业务5.3.2】

承接业务5.3.1,编制#201产品成本汇总计算表。

说明:单位成本保留2位小数,尾差在制造费用调整。

【业务5.3.3】

承接业务5.3.1,编制#202产品成本汇总计算表。

说明:单位成本保留2位小数,尾差在制造费用调整。

【业务5.3.4】

承接业务5.3.1,编制#203产品成本汇总计算表。

说明:单位成本保留2位小数,尾差在制造费用调整。

任务5.4　联产品成本计算——实物量分配法

【业务5.4.1】

承接业务5.3.1,假设该公司采用实物量分配法计算联产品成本,请根据背景资料(见图5-8～图5-10)编制联产品成本计算表。

说明:分配率(平均单位成本)保留4位小数,其他有小数位的保留2位小数,无小数位的保留整数,尾差在#203产品调整。

【业务5.4.2】

承接业务5.4.1,编制#201产品成本汇总计算表。

说明:分配率(平均单位成本)保留4位小数,其他有小数位的保留2位小数,无小数位

的保留整数，尾差在制造费用调整。

【业务5.4.3】

承接业务5.4.1，编制＃202产品成本汇总计算表。

说明：分配率(平均单位成本)保留4位小数，其他有小数位的保留2位小数，无小数位的保留整数，尾差在制造费用调整。

【业务5.4.4】

承接业务5.4.1，编制＃203产品成本汇总计算表。

说明：分配率(平均单位成本)保留4位小数，其他有小数位的保留2位小数，无小数位的保留整数，尾差在制造费用调整。

任务5.5　联产品成本计算——相对售价分配法

【业务5.5.1】

承接业务5.3.1，假设该公司采用相对售价分配法计算联产品成本，请根据背景资料(见图5-8～图5-10)编制联产品成本计算表。

说明：分配率(平均单位成本)保留4位小数，其他有小数位的保留2位小数，无小数位的保留整数，尾差在＃203产品调整。

【业务5.5.2】

承接业务5.5.1，编制＃201产品成本汇总计算表。

说明：分配率(平均单位成本)保留4位小数，其他有小数位的保留2位小数，无小数位的保留整数，尾差在制造费用调整。

【业务5.5.3】

承接业务5.5.1，编制＃202产品成本汇总计算表。

说明：分配率(平均单位成本)保留4位小数，其他有小数位的保留2位小数，无小数位的保留整数，尾差在制造费用调整。

【业务5.5.4】

承接业务5.5.1，编制＃203产品成本汇总计算表。

说明：分配率(平均单位成本)保留4位小数，其他有小数位的保留2位小数，无小数位的保留整数，尾差在制造费用调整。

任务 5.6　联产品成本计算——净实现价值分配法

【业务 5.6.1】

承接业务 5.3.1，假设该公司采用净实现价值分配法计算联产品成本，请根据背景资料(见图 5-8～图 5-10)编制联产品成本计算表。

说明：分配率(平均单位成本)保留 4 位小数，其他有小数位的保留 2 位小数，无小数位的保留整数，尾差在＃203 产品调整。

【业务 5.6.2】

承接业务 5.6.1，编制＃201 产品成本汇总计算表。

说明：分配率(平均单位成本)保留 4 位小数，其他有小数位的保留 2 位小数，无小数位的保留整数，尾差在制造费用调整。

【业务 5.6.3】

承接业务 5.6.1，编制＃202 产品成本汇总计算表。

说明：分配率(平均单位成本)保留 4 位小数，其他有小数位的保留 2 位小数，无小数位的保留整数，尾差在制造费用调整。

【业务 5.6.4】

承接业务 5.6.1，编制＃203 产品成本汇总计算表。

说明：分配率(平均单位成本)保留 4 位小数，其他有小数位的保留 2 位小数，无小数位的保留整数，尾差在制造费用调整。

任务 5.7　副产品成本计算

【业务 5.7.1】

2021 年 6 月 30 日，根据背景资料(见图 5-11～图 5-15)编制人工费用、制造费用分配表。

说明：分配率保留 2 位小数，其他有小数位的保留 2 位小数，无小数位的保留整数。

企业概况

厦门光大制造厂主要生产甲产品，乙产品为副产品。但是在生产甲产品的过程中，附带地可以生产出用以制造乙产品的原材料。甲、乙产品都是单步骤大量生产，在同一车间内制造完工。

乙产品的原材料按单价0.5元计价，甲、乙产品月初、月末在产品均按照原材料的定额费用计价。直接人工和制造费用按照生产工时比例在甲、乙产品之间进行分配。

图 5-11　企业概况

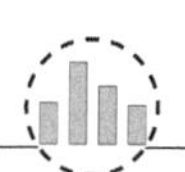

月初在产品资料

产品名称	直接材料	直接人工	制造费用	合　计
甲产品在产品（定额成本）	120000	0	0	120000
乙产品在产品（定额成本）	2000	0	0	2000

图 5-12　月初在产品资料

月末在产品资料

产品名称	直接材料	直接人工	制造费用	合　计
甲产品在产品（定额成本）	240000	0	0	240000
乙产品在产品（定额成本）	1000	0	0	1000

图 5-13　月末在产品资料

本月生产资料

项　目	工　时	直接材料	直接人工	制造费用
本月共同发生额	20000		16000	8000
甲产品耗用	15000	1100000		
乙产品耗用	5000			

注：在生产甲产品的过程中生产出乙产品的原材料 40000 千克。

图 5-14　本月生产资料

产量资料

产品名称	完工产品产量（千克）
甲产品	200000
乙产品	10000

图 5-15　产量资料

【业务 5.7.2】

承接业务 5.7.1，编制甲产品的产品成本计算表。

【业务 5.7.3】

承接业务 5.7.1，编制乙产品的产品成本计算表。

项目 6

成本报表的编制与分析

任务 6.1 产品生产成本表的编制与分析

【业务 6.1.1】

根据背景资料(见图 6-1 和图 6-2)编制产品生产成本表(产品种类反映)。

产量资料汇总表

项 目	A1	A2	A3
上年实际	1050	2400	3500
本年计划	1000	2500	3400
本年实际	1100	2550	3500

图 6-1 产量资料汇总表

单位成本汇总表

项 目	A1	A2	A3
上年实际	480	580	360
本年计划	450	550	350
本年实际	440	540	340

图 6-2 单位成本汇总表

【业务 6.1.2】

承接业务 6.1.1,编制可比产品成本计划降低任务表。

说明:降低率用百分数表示,保留 2 位小数。

【业务 6.1.3】

承接业务 6.1.1 和业务 6.1.2,编制可比产品成本实际完成情况表。

说明:降低率用百分数表示,保留 2 位小数。

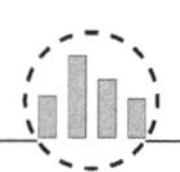

任务 6.2 其他各种费用报表的编制

【业务 6.2.1】

根据背景资料(见图 6-3 和图 6-4)编制制造费用明细表。

企业概况

厦门明达制造企业设有一个基本生产车间和两个辅助生产车间。其中辅助生产车间的费用不通过制造费用账户核算，而是通过辅助生产成本核算。2021年度需要对本年发生的制造费用编制明细表。

图 6-3 企业概况

2021 年度有关成本类账户和计划资料

摘要	借方	贷方	本年计划
一般耗用原材料（计划成本）	29000		29000
一般耗用燃料（计划成本）	9000		9000
材料、燃料的成本差异	760		0
管理人员工资	30000		30000
计提福利费	4200		4200
大修理费	48000		47000
动力费用	55000		60000
支付水费	3200		3000
支付电费	4500		4000
支付固定资产租金	2000		2000
办公费	200		220
批准报销的在产品盘亏	5600		0
批准转销的在产品盘盈		5400	0
支付报刊费用	220		200

图 6-4 2021 年度有关成本类账户和计划资料

任务 6.3 主要产品单位成本表的编制

【业务 6.3.1】

根据背景资料(见图 6-5～图 6-7)编制 2021 年度 A 产品的主要产品单位成本表。

说明： 有小数位的保留 2 位小数，无小数位的保留整数。

2020 年 A 产品成本明细表

月份	产量（吨）	总消耗工时	主要材料						直接材料	直接人工	制造费用	合　计
			甲材料			乙材料						
			数量	平均单价（元）	金额	数量	平均单价（元）	金额				
1	31	190	358	10	3580	233	4	932	4512	890	843	6245
2	32	194	349	10	3490	258	4	1032	4522	930	875	6327
3	33	187	364	10	3640	262	4	1048	4688	955	866	6509
4	36	198	372	10	3720	249	4	996	4716	886	911	6513
5	35	186	386	10	3860	231	4	924	4784	909	903	6596
6	31	192	342	10	3420	257	4	1028	4448	943	899	6290
7	37	191	379	10	3790	264	4	1056	4846	988	878	6712
8	32	193	338	10	3380	236	4	994	4324	924	863	6111
9	35	189	380	10	3800	245	4	980	4780	970	934	6684
10	34	196	325	10	3250	259	4	1036	4286	982	884	6152
11	33	195	351	10	3510	246	4	984	4494	879	937	6310
12	31	189	336	10	3360	260	4	1040	4400	944	847	6191
合计	400	2300	4280		42800	3000		12000	54800	11200	10640	76640

图 6-5　2020 年 A 产品成本明细表

2021 年 A 产品成本预算明细表

月份	产量（吨）	总消耗工时	主要材料						直接材料	直接人工	制造费用	合　计
			甲材料			乙材料						
			数量	平均单价（元）	金额	数量	平均单价（元）	金额				
1	34	200	338	10.6	3582.80	257	4	1028	4610.80	990	842	6442.80
2	32	194	329	10.6	3487.40	263	4	1052	4539.40	1020	815	6374.40
3	36	196	344	10.6	3646.40	266	4	1064	4710.40	1005	826	6541.40
4	33	198	352	10.6	3731.20	276	4	1104	4835.20	1012	834	6681.20
5	35	204	366	10.6	3879.60	261	4	1044	4923.60	999	830	6752.60
6	31	192	322	10.6	3413.20	264	4	1056	4469.20	1020	849	6338.20
7	37	206	359	10.6	3805.40	269	4	1076	4881.40	988	838	6707.40
8	32	202	348	10.6	3688.80	262	4	1048	4736.80	984	843	6563.80
9	33	212	360	10.6	3816	272	4	1088	4904	982	844	6730
10	33	196	325	10.6	3445	259	4	1036	4481	1034	814	6329
11	34	195	321	10.6	3402.60	265	4	1060	4462.60	986	837	6285.60
12	35	205	336	10.6	3561.60	286	4	1144	4705.60	980	828	6513.60
合计	405	2400	4100		43460	3200		12800	56260	12000	10000	78260

图 6-6　2021 年 A 产品成本预算明细表

2021 年 A 产品成本明细表

月份	产量（吨）	总消耗工时	主要材料						直接材料	直接人工	制造费用	合　计
			甲材料			乙材料						
			数量	平均单价（元）	金额	数量	平均单价（元）	金额				
1	34	180	368	10.50	3864	303	4	1212	5076	890	903	6869
2	35	174	348	10.50	3654	305	4	1220	4874	930	905	6709
3	34	187	334	10.50	3507	301	4	1204	4711	955	896	6562
4	36	188	362	10.50	3801	307	4	1228	5029	886	911	6826
5	35	186	370	10.50	3885	306	4	1224	5109	909	903	6921
6	36	178	342	10.50	3591	297	4	1188	4779	943	899	6621
7	37	181	360	10.50	3780	308	4	1232	5012	988	908	6908
8	33	183	338	10.50	3549	299	4	1196	4745	924	893	6562
9	35	189	352	10.50	3696	301	4	1204	4900	970	934	6804
10	34	179	336	10.50	3528	319	4	1276	4804	982	904	6690
11	36	185	344	10.50	3612	311	4	1244	4856	879	927	6662
12	35	190	346	10.50	3633	323	4	1292	4925	944	917	6786
合计	420	2200	4200		44100	3680		14720	58820	11200	10900	80920

图 6-7　2021 年 A 产品成本明细表

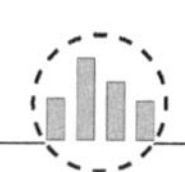

任务 6.4 主要产品单位成本表的分析

【业务 6.4.1】

厦门光大制造厂 2021 年度主要生产 B 产品。请根据背景资料(见图 6-8)编制 B 产品的单位成本升降分析表。

说明:百分比保留 2 位小数,尾差在其他费用调整。

主要产品单位成本表

项目	本年计划	本年实际
原材料	1800	1740
燃料和动力	140	135
生产工人工资	500	504
制造费用	170	174
其他费用	120	147
生产成本	2730	2700
主要技术经济指标	用里	用里
1. 甲材料消耗(千克)	1570	1500
2. 丙材料消耗(千克)	460	400
3. 工时消耗(小时)	2000	2100

图 6-8 主要产品单位成本表

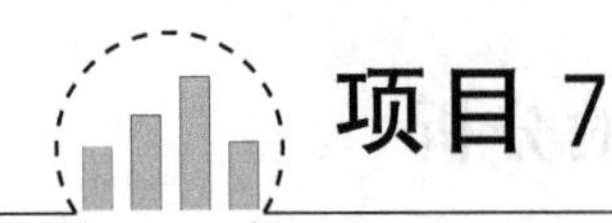

项目 7

综合实训

任务 7.1 品种法综合实训

【业务 7.1.1】

2021 年 5 月 31 日，根据背景资料（见图 7-1～图 7-15）编制平均单价计算表。

说明：有小数位的保留 2 位小数，无小数位的保留整数。

企业概况

厦门建材有限公司是一家建筑材料公司，主要生产、经营不同规格的建筑材料，从工艺过程来看属于大量、大批、单步骤生产企业。该企业设有一个基本生产车间，生产甲、乙两种型号的建筑材料；设有两个辅助生产车间，分别是修理车间和运输车间。企业的货币资金业务均以银行存款收支。辅助生产费用的制造费用发生时直接记入"辅助生产成本"，不通过"制造费用"账户核算。本企业设有三个成本项目：直接材料、直接人工和制造费用。原材料在生产开始时一次性投入。本企业月末在产品与产成品成本采用约当产量法。

图 7-1 企业概况

2021年5月1日账户余额

"基本生产成本"账户余额为19500元，"辅助生产成本"和"制造费用"账户均无余额。

图 7-2 2021 年 5 月 1 日账户余额

2021 年 5 月 1 日基本生产成本明细资料

账户名称	数量（件）	直接材料	直接人工	制造费用	总成本	单位成本
基本生产成本（甲产品）	300	3000	4500	6000	13500	45
基本生产成本（乙产品）	200	1600	2000	2400	6000	30
合 计		4600	6500	8400	19500	

图 7-3 2021 年 5 月 1 日基本生产成本明细资料

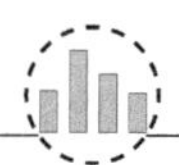

有关计划产量、生产工时及定额耗用量

产品名称	产量（件）	单位产品生产工时	定额工时总数	原材料单位消耗定额（元）
甲产品	5000	60	300000	10
乙产品	2000	40	80000	8
			380000	

图 7-4　有关计划产量、生产工时及定额耗用量

收料凭证汇总表

2021 年 05 月

材料名称	批次	数量	单价（元）	金额（元）	期初余额		
					数量	单价（元）	金额（元）
A 材料（千克）	一	10	210	2100	5	203	1015
	二	13	200	2600			
	三	8	208	1664			
B 材料（千克）	一	50	400	20000	30	410	12300
	二	80	380	30400			
C 材料（千克）	一	190	320	60800	0		
	二	100	350	35000			
包装物（个）	一	600	50	30000	100	48	4800
低值易耗品（件）	一	200	180	36000	50	200	10000
燃料（千克）	一	600	40	24000	120	42	5040

图 7-5　收料凭证汇总表

领料凭证汇总表

2021 年 05 月

领料单位		领用材料名称	用途	数量
基本生产车间		A 材料	甲产品耗用	25 千克
		B 材料	乙产品耗用	90 千克
		C 材料	甲、乙产品共同耗用	200 千克
		C 材料	一般性耗用	5 千克
		包装物	包装甲、乙产品	650 个
		低值易耗品	一般性耗用	180 件
辅助生产车间	修理车间	A 材料	生产领用	8 千克
		低值易耗品	一般性耗用	50 件
	运输车间	燃料	营运领用	680 千克
		低值易耗品	一般性耗用	5 件
管理部门		C 材料	修理房屋领用	50 千克
		低值易耗品	一般性耗用	10 件
生产流水线建造工程		A 材料	一般性耗用	2 千克

图 7-6　领料凭证汇总表

工资结算汇总表

车间或部门	生产工人工资	管理人员工资	合　计
基本生产车间	60000	12000	72000
修理车间	10000	4000	14000
运输车间	10000	5000	15000
管理部门		30000	30000
合计	80000	51000	131000

图 7-7　工资结算汇总表

固定资产折旧表

使用部门	基本生产车间	修理车间	运输车间	管理部门
固定资产原值（元）	1200000	500000	400000	200000
综合折旧率（%）	0.5	0.5	0.5	0.5

图 7-8　固定资产折旧表

外购动力资料表

用电部门	生产用电	管理用电
基本生产车间	12000	500
修理车间	600	100
运输车间	200	100
管理部门		200
合　计	12800	900

图 7-9　外购动力资料表

3001173126　福建增值税专用发票　№ 06051567　3001173126　06051567

校验码 09876 54338 16579 33968　　开票日期：2021年05月31日

购买方	名　　称：厦门建材有限公司 纳税人识别号：91440104106524888N 地 址、电 话：厦门市禾山路58号 0592-5538792 开户行及账号：中国工商银行厦门湖里支行 0141024885552	密码区	235-56<19458<3840+481*56780 56/37505748*7>+>-2//5384048 >*8574879-7<8*873/+<4>7142- 13-3243652-/>7142-19+873/15

货物或应税劳务、服务名称	规格型号	单位	数量	单价	金额	税率	税额
*供电*电力		千瓦时	13700	0.5	6850.00	13%	890.50
合　计					6850.00		890.50
价税合计（大写）	⊗柒仟柒佰肆拾元伍角整				（小写）¥7740.50		

销售方	名　　称：厦门市供电局 纳税人识别号：91440104106524877N 地 址、电 话：厦门市嘉禾路45号 0592-6399754 开户行及账号：中国工商银行厦门湖里支行 01410248877889	备注	厦门市供电局 91440104106524877N 发票专用章

收款人：　　复核：　　开票人：　　销售方：（章）

第三联：发票联　购买方记账凭证

图 7-10　增值税专用发票

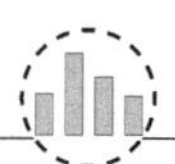

中国工商银行
转账支票存根
35486360
2490230
附加信息

出票日期 2021 年 05 月 31 日

收款人：厦门市供电局

金　额：¥7740.50

用　途：电费

单位主管　　会计

图 7-11　转账支票存根

辅助生产提供劳务情况表

辅助生产车间	计量单位	运输车间	修理车间	基本生产车间	管理部门	销售部门	在建工程	合　计
运输车间	千米		1200	23000	500	10000	6000	40700
修理车间	工时	150		1400	300	400	150	2400

图 7-12　辅助生产提供劳务情况表

本月产量记录表

产品名称	月初在产品	本月投产	本月完工	月末在产品	在产品完工程度（%）
甲产品	300	5100	4800	600	50%
乙产品	200	1900	2000	100	60%

图 7-13　本月产量记录表

产品实际生产工时表

产品名称	产量（件）	单位产品生产工时	实际生产工时
甲产品	5000	61	305000
乙产品	2000	37.50	75000
合　计			380000

图 7-14　产品实际生产工时表

产量与成本情况表

单位名称：厦门建材有限公司　　　　2021 年 05 月　　　　单位：元

产品名称	计量单位	产量			单位成本			本年累计总成本	单位售价	
		本月计划	本月实际	本年累计	上年实际	本年计划	本月累计		上年实际	本年实际
可比产品										
甲产品	件	5000	4800	47000	50	40		2326500	100	110
乙产品	件	2000	2000	21000	60	50		1207500	120	110
全部产品成本										

图 7-15　产量与成本情况表

【业务 7.1.2】

根据背景资料(见图 7-1～图 7-15)和业务 7.1.1 的结果编制领料金额汇总表。

说明：有小数位的保留 2 位小数，无小数位的保留整数。

【业务 7.1.3】

根据背景资料(见图 7-1～图 7-15)和业务 7.1.2 的结果编制共同耗用包装物分配表。

说明：包装物按产品产量分配，分配率保留 4 位小数，其他有小数位的保留 2 位小数，无小数位的保留整数，尾差在乙产品调整。

【业务 7.1.4】

根据背景资料(见图 7-1～图 7-15)编制在建工程领用生产用料的进项税额转出计算表。

说明：转出进项税额保留 2 位小数。

【业务 7.1.5】

根据背景资料(见图 7-1～图 7-15)和业务 7.1.2 的结果编制共同耗用材料分配表。

说明：按完工产品材料定额成本分配，分配率保留 4 位小数，其他有小数位的保留 2 位小数，无小数位的保留整数，尾差在乙产品调整。

【业务 7.1.6】

根据背景资料(见图 7-1～图 7-15)和业务 7.1.1～业务 7.1.5 的结果编制材料费用分配汇总表。

说明：甲、乙产品共同耗用的 C 材料按完工产品材料定额成本分配，低值易耗品采用一次摊销法。有小数位的保留 2 位小数，无小数位的保留整数。

【业务 7.1.7】

根据业务 7.1.6 的结果编制记账凭证。

说明：包装物、低值易耗品属于周转材料。该企业成本采用三级明细科目核算，如“生产成本——基本生产成本——甲产品”，下同。记账凭证号为 031-1/2、031-2/2。

【业务 7.1.8】

根据背景资料(见图 7-1～图 7-15)编制工资费用分配表。

说明：基本生产车间工资按实际工时分配，分配率保留 4 位小数，有小数位的保留 2 位小数，无小数位的保留整数，尾差在乙产品调整。

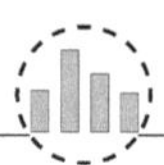

【业务 7.1.9】

根据业务 7.1.8 的结果编制记账凭证。

说明：记账凭证号为 032-1/2、032-2/2。

【业务 7.1.10】

该公司按工资总额的 26%计提社会保险缴纳给当地社保机构，按工资总额的 10%计提住房公积金缴纳给当地公积金管理机构，预计当月应承担的福利费为工资总额的 5%。请根据背景资料(见图 7-1～图 7-15)和业务 7.1.8 的结果编制社会保险、福利费分配表。

说明：有小数位的保留 2 位小数，无小数位的保留整数，尾差在乙产品调整。

【业务 7.1.11】

根据业务 7.1.10 的结果编制记账凭证。

说明：记账凭证号为 033-1/2、033-2/2。

【业务 7.1.12】

根据背景资料(见图 7-1～图 7-15)编制固定资产折旧汇总计算表。

【业务 7.1.13】

根据业务 7.1.12 的结果计提各部门折旧费用，编制记账凭证。

说明：记账凭证号为 034。

【业务 7.1.14】

根据背景资料(见图 7-1～图 7-15)编制外购动力费用分配表。

说明：甲、乙产品用电量按实际工时分配，电费单价为 0.50 元/度。分配率保留 4 位小数，尾差在乙产品调整。

【业务 7.1.15】

根据业务 7.1.14 的结果编制记账凭证。

说明：记账凭证号为 035-1/2、035-2/2。

【业务 7.1.16】

根据背景资料(见图 7-1～图 7-15)以及辅助生产成本明细表(见图 7-16)，采用直接分配法编制辅助生产费用分配表。

说明：分配率保留 4 位小数，其他有小数位的保留 2 位小数，无小数位的保留整数，尾差在在建工程调整。

辅助生产成本明细表

单位：元

辅助生产车间	直接材料	工资	社保、福利费	电费	折旧费	合计
修理车间	10839.76	14000	5740	350	2500	33429.76
运输车间	28344.40	15000	6150	150	2000	51644.40
合　计	39184.16	29000	11890	500	4500	85074.16

图 7-16　辅助生产成本明细表

【业务 7.1.17】

根据业务 7.1.16 的结果编制记账凭证。

说明：记账凭证号为 036。

【业务 7.1.18】

根据背景资料(见图 7-1～图 7-15)和本任务中编制的记账凭证登记“辅助生产成本——修理车间”明细账。

说明：期初余额为 0 时也要登记。

【业务 7.1.19】

根据背景资料(见图 7-1～图 7-15)和本任务中编制的记账凭证登记“辅助生产成本——运输车间”明细账。

说明：期初余额为 0 时也要登记。

【业务 7.1.20】

根据背景资料(见图 7-1～图 7-15)和本任务中编制的记账凭证编制制造费用分配表。

说明：分配率保留 5 位小数，其他有小数位的保留 2 位小数，无小数位的保留整数，尾差在乙产品调整。

【业务 7.1.21】

根据业务 7.1.20 的结果编制记账凭证。

说明：记账凭证号为 037 号。

【业务 7.1.22】

根据背景资料(见图 7-1～图 7-15)和本任务中编制的记账凭证登记制造费用明细账。

说明：期初余额为 0 时也要登记。

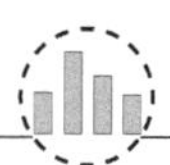

【业务 7.1.23】

根据背景资料(见图 7-1～图 7-15)和本任务中编制的所有记账凭证和分配表登记“基本生产成本——甲产品”明细账。

【业务 7.1.24】

根据背景资料(见图 7-1～图 7-15)和本任务中编制的所有记账凭证和分配表登记“基本生产成本——乙产品”明细账。

【业务 7.1.25】

根据业务 7.1.23 的结果编制甲产品的产品成本计算表。

说明：完工产品和在产品成本分配采用约当产量法。分配率保留 4 位小数，其他有小数位的保留 2 位小数，无小数位的保留整数，尾差在在产品调整。

【业务 7.1.26】

根据业务 7.1.24 的结果编制乙产品的产品成本计算表。

说明：完工产品和在产品成本分配采用约当产量法。分配率保留 4 位小数，其他有小数位的保留 2 位小数，无小数位的保留整数，尾差在在产品调整。

【业务 7.1.27】

根据业务 7.1.25 和业务 7.1.26 编制的产品成本计算表编制产品成本汇总表。

说明：单位成本保留 4 位小数，其他保留 2 位小数。

【业务 7.1.28】

根据背景资料(见图 7-1～图 7-15)编制产品生产成本表。

说明：“单位成本”栏的“本月实际”保留 4 位小数，其他有小数位的保留 2 位小数，无小数位的保留整数。

任务 7.2　分步法综合实训

【业务 7.2.1】

2021 年 6 月 30 日，根据背景资料(见图 7-17～图 7-35)编制其他费用分配表。

【业务 7.2.2】

根据业务 7.2.1 的结果编制记账凭证。

说明：记账凭证号为 001。

企业概况

厦门南方制造有限公司设有三个基本生产车间，大量生产甲、乙两种产品。第一车间为第二车间提供甲半成品和乙半成品；第二车间将甲半成品生产成产成品，将乙半成品加工后转入第三车间继续加工；第三车间将乙半成品生产成产成品。其中，第一车间生产的甲半成品交甲半成品库验收，第二车间按照需要从甲半成品库领用，其所需半成品费用按全月一次加权平均单位成本计算；第一车间生产的乙半成品直接转入第二车间继续加工；第二车间生产的乙半成品直接转入第三车间继续加工。各车间每一件完工产品耗用上一车间半成品的数量均为一件。

该企业为加强成本管理，要求计算各种产品的各车间半成品成本。该企业还设有一个辅助生产车间，辅助生产车间的间接费用通过“制造费用”账户核算。产品成本包括“直接材料”“直接人工”和“制造费用”三个成本项目。原材料于生产开始时一次投入。各车间生产费用在完工产品和在产品之间的分配采用约当产量法。

图 7-17　企业概况

产品产量资料

项　目	第一车间		第二车间		第三车间
	甲产品	乙产品	甲产品	乙产品	乙产品
月初在产品数量	60	360	150	480	240
本月投入或转入数量	90	960	160	1200	1440
本月完工转出数量	120	1200	250	1440	1320
月末结存在产品数量	30	120	60	240	360
月末在产品完工程度（%）	60	60	80	50	50

图 7-18　产品产量资料

月初甲在产品成本

生产车间	直接材料	直接人工	制造费用	合　计
第一车间	55630	7200	5400	68230
第二车间	230770.5	18000	12000	260770.5

图 7-19　月初甲在产品成本

月初甲在产品期初余额

第一车间直接材料费用55630元。其中，原材料36000元，动力和其他费用19630元。

第二车间半成品费用230770.5元。其中，半成品费用216370.5元，动力和其他费用14400元。

图 7-20　月初甲在产品期初余额

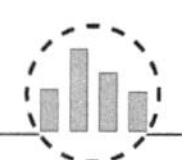

月初乙在产品成本

生产车间	直接材料	直接人工	制造费用	合　计
第一车间	58968	14040	10440	83448
第二车间	109632	6672	4968	121272
第三车间	73071.2	2160	1560	76791.2

图 7-21　月初乙在产品成本

月初乙在产品期初余额

第一车间直接材料费用58968元。 其中， 原材料54000元，动力和其他费用4968元。

第二车间自制半成品费用109632元。其中，半成品费用104592元，动力和其他费用5040元。

第三车间自制半成品费用73071.2元。其中，半成品费用71491.2元，动力和其他费用1580元。

图 7-22　月初乙在产品期初余额

完工产品定额资料

产品名称	材料费用定额（元）
甲产品	600
乙产品	150

图 7-23　完工产品定额资料

银行存款支付汇总表

车间或部门	办公费用	劳动保护费	其他费用	合　计
第一车间	800	580	400	1780
第二车间	600	640	360	1600
第三车间	300	200	100	600
辅助生产车间	350	320	280	950
管理部门	2500	600	2000	5100
合　计	4550	2340	3140	10030

图 7-24　银行存款支付汇总表

工资结算汇总表

车间或部门	生产工人工资	管理人员工资	合　计
第一车间	35600	16500	52100
第二车间	34800	20000	54800
第三车间	24800	11400	36200
辅助生产车间	30000	11000	41000
管理部门		35000	35000
合　计	125200	93900	219100

图 7-25　工资结算汇总表

生产工时统计表

生产车间	甲产品	乙产品	合　计
第一车间	8700	5540	14240
第二车间	1500	3000	4500
合　计	10200	8540	18740

图 7-26　生产工时统计表

生产耗用材料费用

2021年6月生产耗用材料费用见领料凭证汇总表。其中，生产甲产品耗用材料51000元，生产乙产品耗用材料136000元，生产甲、乙产品共耗用材料11000元。甲、乙两种产品共同耗用的材料按定额费用的比例进行分配。定额资料见完工产品定额资料表，投产数量见产品产量资料表。

图 7-27　生产耗用材料费用

领料凭证汇总表

领用部门	材料用途	1—10日	11—20日	21—30日	合　计
第一车间	原材料	198000			198000
	低值易耗品	1000	1600	2200	4800
	机物料消耗	800	1200	800	2800
	维修用	2000	3800	3600	9400
	小计	201800	6600	6600	215000
第二车间	原材料				
	低值易耗品	1800	1000	1200	4000
	机物料消耗	1500	1000	900	3400
	维修用	12200	17800	12350	42350
	小计	15500	19800	14450	49750
第三车间	原材料				
	低值易耗品	1000	600	800	2400
	机物料消耗	800	600	400	1800
	维修用	6000	8800	6000	20800
	小计	7800	10000	7200	25000
辅助生产车间	原材料	40000			40000
	低值易耗品				
	机物料消耗	3000	5000	4000	12000
	维修用	200			200
	小计	43200	5000	4000	52200
管理部门	维修用	900	3000	200	4100

图 7-28　领料凭证汇总表

外购动力分配表

车间或部门	生产用电	管理用电
第一车间	12000	500
第二车间	9000	300
第三车间	600	200
辅助生产车间	4800	100
管理部门		200
合　计	26400	1300

图 7-29　外购动力分配表

3001184182　　福建增值税专用发票　　№ 06051568　　3001184182　06051568

校验码 23717 36535 22698 13765　　　　开票日期：2021年06月15日

购买方	名　　称：厦门南方制造有限公司 纳税人识别号：91516850689258185N 地 址、电 话：厦门市玄武区中山路88号 0592-8615898 开户行及账号：中国工商银行玄武支行 1298010002000316285			密码区	235-56<19458<3840+481*56780 56/37505748*7>+>-2//5384048 >*8574879-7<8*873/+<4>7142- 13-3243652-/>7142-9+873/156		
货物或应税劳务、服务名称	规格型号	单位	数量	单价	金额	税率	税额
*供电*电力		千瓦时	27700	0.6	16620.00	13%	2160.60
合　　计					16620.00		2160.60
价税合计（大写）	⊗壹万捌仟柒佰捌拾元陆角整				（小写）¥18780.60		
销售方	名　　称：厦门市供电局 纳税人识别号：91440104106524877N 地 址、电 话：厦门市嘉禾路45号 0592-6399754 开户行及账号：中国工商银行厦门湖里支行 01410248877889			备注			

收款人：　　复核：　　开票人：　　销售方：（章）

第三联：发票联　购买方记账凭证

图 7-30　增值税专用发票

中国工商银行
转账支票存根
60909320
60617230
附加信息
出票日期 2021 年 06 月 30 日
收款人：厦门市供电局
金　额：¥18780.60
用　途：电费
单位主管　　会计

图 7-31　转账支票存根

固定资产折旧表

项　目	第一车间	第二车间	第三车间	辅助生产车间	管理部门
固定资产原值	1200000	1600000	1000000	1300000	720000
综合折旧率(%)	0.5	0.5	0.5	0.5	0.5

图 7-32　固定资产折旧表

低值易耗品与保险费

各车间、部门本月领用的低值易耗品采用一次摊销法。
2021年6月负担财产保险费用30000元（全部计入管理费用）。

图 7-33　低值易耗品与保险费

辅助生产车间劳务量

受益部门	受益对象	受益数量
第一车间	甲产品	2650
	乙产品	2000
	一般耗用	150
	小　计	4800
第二车间	甲产品	1780
	乙产品	2200
	一般耗用	120
	小　计	4100
第三车间	乙产品	800
	一般耗用	200
	小　计	1000
管理部门		100
合　计		10000

图 7-34　辅助生产车间劳务量

产品产量资料

1. 第二车间本月领用甲半成品160件（库存甲半成品月初余额60件，总成本52344元）。

2. 分配各成本项目费用，计算产品成本。各车间完工产品及在产品数量、在产品完工程度见产品产量资料表、月初甲在产品成本表，月初在产品成本资料见月初乙在产品成本表、完工产品定额资料表。

图 7-35　产品产量资料

【业务 7.2.3】

根据背景资料(见图 7-17～图 7-35)编制材料费用分配表。

说明：定额费用按第一车间本月投入或转入数量进行核算。分配率保留 4 位小数，尾差在乙产品调整。

【业务 7.2.4】

根据业务 7.2.3 的结果编制记账凭证。

说明：记账凭证号为 002-1/2、002-2/2。

【业务 7.2.5】

根据背景资料(见图 7-17～图 7-35)编制低值易耗品领用表。

【业务 7.2.6】

根据业务 7.2.5 的结果编制记账凭证。

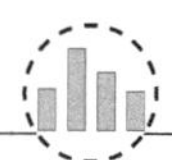

说明：记账凭证号为 003。

【业务 7.2.7】

根据背景资料(见图 7-17～图 7-35)编制工资费用分配表。

说明：分配率保留 4 位小数,尾差在乙产品调整。

【业务 7.2.8】

根据业务 7.2.7 的结果编制记账凭证。

说明：记账凭证号为 004-1/2、004-2/2。

【业务 7.2.9】

根据背景资料(见图 7-17～图 7-35)编制外购动力费用分配表。

说明：电力单价 0.60 元/度。分配率保留 4 位小数,其他有小数位的保留 2 位小数,无小数位的保留整数,尾差在乙产品调整。

【业务 7.2.10】

根据业务 7.2.9 的结果编制记账凭证。

说明：已经取得增值税专用发票,款项已经签发支票支付。记账凭证号为 005-1/2、005-2/2。

【业务 7.2.11】

根据背景资料(见图 7-17～图 7-35)编制固定资产折旧汇总计算表。

【业务 7.2.12】

根据业务 7.2.11 的结果编制记账凭证。

说明：记账凭证号为 006。

【业务 7.2.13】

2021 年 6 月,公司应负担财产保险费用 30000 元(全部计入管理费用),已开转账支票支付。请据此编制记账凭证。

说明：记账凭证号为 007。

【业务 7.2.14】

根据本任务中编制的费用分配表和记账凭证登记“制造费用——辅助生产车间”明细账。

说明：期初余额为 0 时也要登记。

【业务 7.2.15】

根据业务 7.2.14 的结果编制记账凭证。

说明：记账凭证号为 008。

【业务 7.2.16】

根据背景资料(见图 7-17～图 7-35)以及本任务中编制的记账凭证、费用分配表登记辅助生产成本明细账。

说明：期初余额为 0 时也要登记。

【业务 7.2.17】

根据背景资料(见图 7-17～图 7-35)和业务 7.2.16 的结果编制辅助生产费用分配表。

说明：分配率保留 4 位小数。

【业务 7.2.18】

根据业务 7.2.17 的结果编制记账凭证。

说明：记账凭证号为 009-1/2、009-2/2。

【业务 7.2.19】

根据本任务中编制的各种费用分配表和记账凭证登记制造费用明细账(第一车间)。

【业务 7.2.20】

根据本任务中编制的各种费用分配表和记账凭证登记制造费用明细账(第二车间)。

【业务 7.2.21】

根据本任务中编制的各种费用分配表和记账凭证登记制造费用明细账(第三车间)。

【业务 7.2.22】

根据背景资料(见图 7-17～图 7-35)和业务 7.2.19～业务 7.2.21 的结果编制制造费用分配表。

说明：分配率保留 4 位小数,分配金额保留 2 位小数,尾差在乙产品调整。

【业务 7.2.23】

根据业务 7.2.22 的结果编制记账凭证。

说明：记账凭证号为 010-1/2、010-2/2。

【业务 7.2.24】

根据背景资料(见图 7-17～图 7-35)、本任务中编制的各种费用分配表以及记账凭证登记"基本生产成本——第一车间甲半成品"明细账,并计算出本月第一车间甲半成品和月末在产品成本,并登记明细账。

说明:保留 2 位小数,尾差在在产品调整。

【业务 7.2.25】

根据业务 7.2.24 的结果结转完工甲半成品成本,编制记账凭证。

说明:记账凭证号为 011。

【业务 7.2.26】

根据背景资料(见图 7-17～图 7-35)、本任务中编制的各种费用分配表以及记账凭证登记"基本生产成本——第一车间乙半成品"明细账,并计算出本月第一车间乙半成品和月末在产品成本,并登记明细账。

说明:保留 2 位小数,尾差在在产品调整。

【业务 7.2.27】

根据业务 7.2.26 的结果结转乙半成品成本,编制记账凭证。

说明:记账凭证号为 012。

【业务 7.2.28】

已知第二车间本月领用甲半成品 160 件(库存甲半成品月初余额 60 件,总成本 52344 元),根据业务 7.2.24 的结果登记甲半成品明细账。

说明:单位成本保留 2 位小数,尾差在结存半成品成本调整。

【业务 7.2.29】

根据业务 7.2.28 的结果编制发出甲半成品的记账凭证。

说明:记账凭证号为 013。

【业务 7.2.30】

根据背景资料(见图 7-17～图 7-35)、本任务中编制的各种费用分配表以及记账凭证登记"基本生产成本——第二车间甲产品"明细账,并计算出本月第二车间甲产品和月末在产品成本,并登记明细账。

说明:保留 2 位小数,尾差在在产品调整。

【业务 7.2.31】

根据业务 7.2.30 的结果编制结转甲产品成本的记账凭证。

说明：记账凭证号为 014。

【业务 7.2.32】

根据背景资料(见图 7-17～图 7-35)、本任务中编制的各种费用分配表以及记账凭证登记“基本生产成本——第二车间乙半成品”明细账，并计算出本月第二车间乙半成品和月末在产品成本，并登记明细账。

说明：保留 2 位小数，尾差在在产品调整。

【业务 7.2.33】

根据业务 7.2.32 的结果编制结转乙半成品的记账凭证。

说明：记账凭证号为 015。

【业务 7.2.34】

根据背景资料(见图 7-17～图 7-35)、本任务中编制的各种费用分配表以及记账凭证登记“基本生产成本——第三车间乙产品”明细账，并计算出本月第三车间乙产品和月末在产品成本，并登记明细账。

说明：保留 2 位小数，尾差在在产品调整。

【业务 7.2.35】

根据业务 7.2.34 的结果编制结转乙产品成本的记账凭证。

说明：记账凭证号为 016。

【业务 7.2.36】

根据本任务中登记的明细账编制甲产品成本还原表。

说明：计算过程中还原分配率保留 4 位小数，其他有小数位的保留 2 位小数，无小数位的保留整数，尾差在制造费用调整。

【业务 7.2.37】

根据本任务中登记的明细账编制乙产品成本还原表。

说明：计算过程中还原分配率保留 4 位小数，其他有小数位的保留 2 位小数，无小数位的保留整数，尾差在制造费用调整。

成本会计单据簿目录

项　目	任　　务	业务编号	单 据 名 称	页码
项目 1　费用要素的归集与分配	任务 1.1　材料成本核算	1.1.1	记账凭证	1
		1.1.2	记账凭证	1
		1.1.3	记账凭证	1
		1.1.4	记账凭证	1
		1.1.5	材料成本差异计算表	1
	任务 1.2　编制领料单	1.2.1	领料单	1
		1.2.2	领料单	1
		1.2.3	领料单	2
	任务 1.3　编制领料凭证汇总表	1.3.1	领料凭证汇总表	2
	任务 1.4　材料费用的归集与分配	1.4.1	领料凭证汇总表	3
		1.4.2	材料费用分配表	3
		1.4.3	记账凭证	3
	任务 1.5　外购动力费用的归集与分配	1.5.1	外购动力费用分配表	4
		1.5.2	记账凭证	4
	任务 1.6　人工费用分配(一)	1.6.1	工资费用分配表(一)	4
		1.6.2	记账凭证	4
	任务 1.7　人工费用分配(二)	1.7.1	工资费用分配表(二)	5
		1.7.2	记账凭证	5
	任务 1.8　折旧计算	1.8.1	固定资产折旧计算表	5
		1.8.2	固定资产折旧计算表	5
	任务 1.9　折旧费用分配	1.9.1	固定资产折旧计算明细表	6
		1.9.2	固定资产折旧汇总计算表	6
		1.9.3	记账凭证	6
项目 2　辅助生产费用和制造费用的归集与分配	任务 2.1　直接分配法	2.1.1	辅助生产费用分配表	7
		2.1.2	记账凭证	7
	任务 2.2　顺序分配法	2.2.1	辅助生产费用分配表	7
		2.2.2	记账凭证	8
	任务 2.3　计划成本分配法	2.3.1	辅助生产费用分配表(交互或计划计算方法)	8
		2.3.2	记账凭证	8
		2.3.3	记账凭证	8

续表

项　目	任　　务	业务编号	单据名称	页码
项目 2　辅助生产费用和制造费用的归集与分配	任务 2.4　一次交互分配法	2.4.1	辅助生产费用分配表(交互或计划计算方法)	9
		2.4.2	记账凭证	9
		2.4.3	记账凭证	9
	任务 2.5　制造费用的归集及按机器工时比例分配	2.5.1	记账凭证	9
		2.5.2	记账凭证	9
		2.5.3	记账凭证	9
		2.5.4	记账凭证	9
		2.5.5	记账凭证	9
		2.5.6	记账凭证	9
		2.5.7	记账凭证	9
		2.5.8	制造费用明细账	10
		2.5.9	制造费用分配表	11
		2.5.10	记账凭证	11
	任务 2.6　制造费用按生产工人工资比例分配	2.6.1	制造费用分配表	11
		2.6.2	记账凭证	11
	任务 2.7　制造费用按生产工时比例分配	2.7.1	制造费用分配表	11
		2.7.2	记账凭证	11
项目 3　生产费用在完工产品和在产品之间的分配	任务 3.1　约当产量法	3.1.1	约当产量计算表	12
		3.1.2	约当产量计算表	12
		3.1.3	产品成本计算表	12
	任务 3.2　定额成本计价法	3.2.1	直接材料定额耗用表	13
		3.2.2	直接人工定额耗用表	13
		3.2.3	制造费用定额耗用表	13
		3.2.4	产品成本计算表	14
		3.2.5	记账凭证	14
	任务 3.3　定额比例计价法	3.3.1	产品成本计算表	14
		3.3.2	记账凭证	14
	任务 3.4　不计在产品成本法	3.4.1	产品成本计算表	15
		3.4.2	记账凭证	15
	任务 3.5　固定成本计价法	3.5.1	入库单	15
		3.5.2	产品成本计算表	15
		3.5.3	记账凭证	15

续表

项　目	任　　务	业务编号	单 据 名 称	页码
项目3　生产费用在完工产品和在产品之间的分配	任务3.6　按所耗原材料费用计价法	3.6.1	入库单	16
		3.6.2	产品成本计算表	16
		3.6.3	记账凭证	16
项目4　产品成本计算的基本方法	任务4.1　编制费用分配表	4.1.1	其他费用分配表	16
		4.1.2	材料费用分配表	17
		4.1.3	工资费用分配表	17
		4.1.4	职工福利费分配表	18
		4.1.5	固定资产折旧费用分配表	18
		4.1.6	低值易耗品摊销费用分配表	19
		4.1.7	辅助生产费用分配表(交互或计划计算方法)	19
		4.1.8	制造费用分配表	20
	任务4.2　品种法(成本计算单)	4.2.1	完工产品和月末在产品定额计算表	20
		4.2.2	甲产品的完工产品和月末在产品成本计算表	21
		4.2.3	乙产品的完工产品和月末在产品成本计算表	21
		4.2.4	丙产品的完工产品和月末在产品成本计算表	22
		4.2.5	产品成本汇总表	22
	任务4.3　逐步综合结转分步法	4.3.1	甲产品的生产成本明细账	23
		4.3.2	乙产品的生产成本明细账	24
		4.3.3	乙产品成本还原表	25
	任务4.4　逐步分项结转分步法	4.4.1	Q半成品的生产成本明细账	26
		4.4.2	B产品的生产成本明细账	27
	任务4.5　平行结转分步法	4.5.1	甲产品第一步骤的产品成本计算表	28
		4.5.2	甲产品第二步骤的产品成本计算表	28
		4.5.3	甲产品的产品成本计算表	28
	任务4.6　分批法	4.6.1	材料费用分配表	29
		4.6.2	工资费用分配表	29
		4.6.3	职工福利费分配表	30
		4.6.4	制造费用分配表	30
		4.6.5	A产品的产品成本计算表	30
		4.6.6	B产品的产品成本计算表	31
		4.6.7	C产品的产品成本计算表	31
		4.6.8	D产品的产品成本计算表	31
		4.6.9	E产品的产品成本计算表	31

续表

项　目	任　　务	业务编号	单据名称	页码
项目4　产品成本计算的基本方法	任务4.7　简化分批法	4.7.1	生产成本明细账(基本生产成本)	32
		4.7.2	A-10批号甲产品的生产成本明细账	33
		4.7.3	A-11批号乙产品的生产成本明细账	34
		4.7.4	A-12批号丙产品的生产成本明细账	35
		4.7.5	A-13批号丁产品的生产成本明细账	36
项目5　产品成本计算的辅助方法	任务5.1　分类法	5.1.1	产品用料系数计算表	37
		5.1.2	产品成本计算表	37
		5.1.3	各种产品成本计算表	37
	任务5.2　定额法	5.2.1	原材料定额成本和脱离定额差异计算表	38
		5.2.2	定额人工费用和脱离定额差异汇总表	38
		5.2.3	定额制造费用和脱离定额差异汇总表	38
		5.2.4	产品成本明细表	39
	任务5.3　联产品成本计算(系数分配法)	5.3.1	联产品成本计算表	39
		5.3.2	＃201产品成本汇总计算表	39
		5.3.3	＃202产品成本汇总计算表	40
		5.3.4	＃203产品成本汇总计算表	40
	任务5.4　联产品成本计算(实物量分配法)	5.4.1	联产品成本计算表	40
		5.4.2	＃201产品成本汇总计算表	40
		5.4.3	＃202产品成本汇总计算表	41
		5.4.4	＃203产品成本汇总计算表	41
	任务5.5　联产品成本计算(相对售价分配法)	5.5.1	联产品成本计算表	41
		5.5.2	＃201产品成本汇总计算表	41
		5.5.3	＃202产品成本汇总计算表	42
		5.5.4	＃203产品成本汇总计算表	42
	任务5.6　联产品成本计算(净实现价值分配法)	5.6.1	联产品成本计算表	42
		5.6.2	＃201产品成本汇总计算表	43
		5.6.3	＃202产品成本汇总计算表	43
		5.6.4	＃203产品成本汇总计算表	43
	任务5.7　副产品成本计算	5.7.1	人工费用、制造费用分配表	44
		5.7.2	甲产品的产品成本计算表	44
		5.7.3	乙产品的产品成本计算表	44

续表

项　目	任　务	业务编号	单 据 名 称	页码
项目6　成本报表的编制与分析	任务6.1　产品生产成本表的编制与分析	6.1.1	产品生产成本表(产品种类反映)	45
		6.1.2	可比产品成本计划降低任务表	45
		6.1.3	可比产品成本实际完成情况表	45
	任务6.2　其他各种费用报表的编制	6.2.1	制造费用明细表	46
	任务6.3　主要产品单位成本表的编制	6.3.1	A产品的主要产品单位成本表	46
	任务6.4　主要产品单位成本表的分析	6.4.1	B产品的单位成本升降分析表	47
项目7　综合实训	任务7.1　品种法综合实训	7.1.1	平均单价计算表	47
		7.1.2	领料金额汇总表	48
		7.1.3	共同耗用包装物分配表	48
		7.1.4	进项税额转出计算表	48
		7.1.5	共同耗用材料分配表	48
		7.1.6	材料费用分配汇总表	49
		7.1.7	记账凭证	49
		7.1.8	工资费用分配表	49
		7.1.9	记账凭证	49
		7.1.10	社会保险、福利费分配表	50
		7.1.11	记账凭证	50
		7.1.12	固定资产折旧汇总计算表	50
		7.1.13	记账凭证	50
		7.1.14	外购动力费用分配表	51
		7.1.15	记账凭证	51
		7.1.16	辅助生产费用分配表	51
		7.1.17	记账凭证	51
		7.1.18	“辅助生产成本——修理车间”明细账	52
		7.1.19	“辅助生产成本——运输车间”明细账	53
		7.1.20	制造费用分配表	54
		7.1.21	记账凭证	54
		7.1.22	制造费用明细账	54
		7.1.23	“基本生产成本——甲产品”明细账	55
		7.1.24	“基本生产成本——乙产品”明细账	56
		7.1.25	甲产品的产品成本计算表	57
		7.1.26	乙产品的产品成本计算表	57
		7.1.27	产品成本汇总表	57
		7.1.28	产品生产成本表	58

续表

项目	任务	业务编号	单据名称	页码
项目7 综合实训	任务7.2 分步法综合实训	7.2.1	其他费用分配表	59
		7.2.2	记账凭证	59
		7.2.3	材料费用分配表	59
		7.2.4	记账凭证	59
		7.2.5	低值易耗品领用表	60
		7.2.6	记账凭证	60
		7.2.7	工资费用分配表	60
		7.2.8	记账凭证	60
		7.2.9	外购动力费用分配表	61
		7.2.10	记账凭证	61
		7.2.11	固定资产折旧汇总计算表	61
		7.2.12	记账凭证	61
		7.2.13	记账凭证	61
		7.2.14	“制造费用——辅助生产车间”明细账	62
		7.2.15	记账凭证	63
		7.2.16	辅助生产成本明细账	63
		7.2.17	辅助生产费用分配表	64
		7.2.18	记账凭证	64
		7.2.19	制造费用明细账(第一车间)	65
		7.2.20	制造费用明细账(第二车间)	66
		7.2.21	制造费用明细账(第三车间)	67
		7.2.22	制造费用分配表	68
		7.2.23	记账凭证	68
		7.2.24	“基本生产成本——第一车间甲半成品”明细账	69
		7.2.25	记账凭证	70
		7.2.26	“基本生产成本——第一车间乙半成品”明细账	70
		7.2.27	记账凭证	71
		7.2.28	甲半成品明细账	71
		7.2.29	记账凭证	72
		7.2.30	“基本生产成本——第二车间甲产品”明细账	72
		7.2.31	记账凭证	73
		7.2.32	“基本生产成本——第二车间乙半成品”明细账	73
		7.2.33	记账凭证	74
		7.2.34	“基本生产成本——第三车间乙产品”明细账	74
		7.2.35	记账凭证	75
		7.2.36	甲产品成本还原表	75
		7.2.37	乙产品成本还原表	75

【业务 1.1.1】 记账凭证（1 张）

【业务 1.1.2】 记账凭证（1 张）

【业务 1.1.3】 记账凭证（1 张）

【业务 1.1.4】 记账凭证（1 张）

【业务 1.1.5】 材料成本差异计算表

材料成本差异计算表

类别	月初结存		本月收入		合计		成本差异率
	计划成本	成本差异	计划成本	成本差异	计划成本	成本差异	
螺丝							
合计							

【业务 1.2.1】 领料单

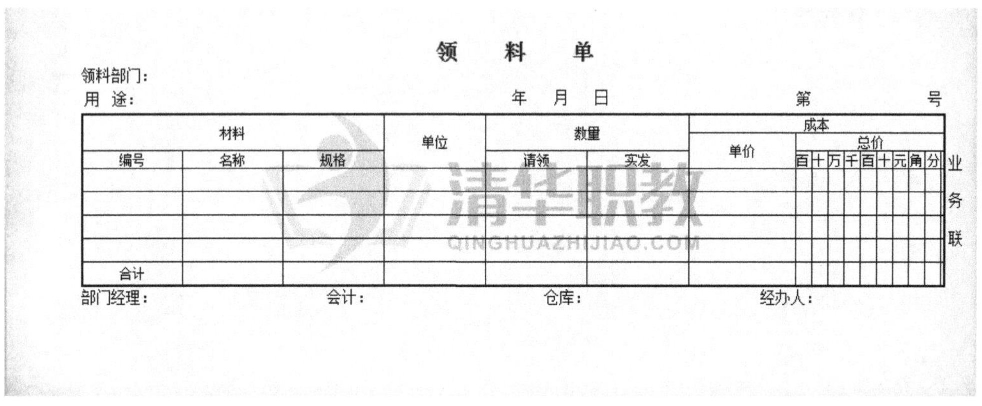

领　料　单

领料部门：

用　途：　　　　年　月　日　　　　第　　　号

材料			单位	数量		成本										
						单价	总价									
编号	名称	规格		请领	实发		百	十	万	千	百	十	元	角	分	业务联
合计																

部门经理：　　　　会计：　　　　仓库：　　　　经办人：

【业务 1.2.2】 领料单

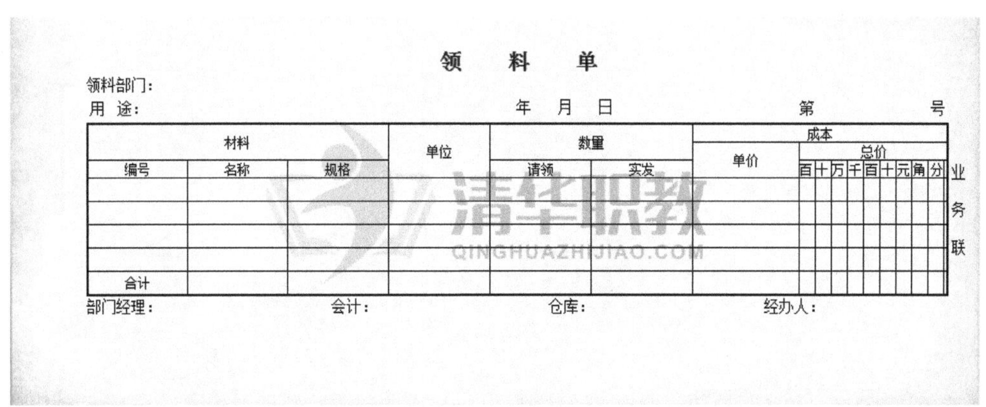

领　料　单

领料部门：

用　途：　　　　年　月　日　　　　第　　　号

材料			单位	数量		成本										
						单价	总价									
编号	名称	规格		请领	实发		百	十	万	千	百	十	元	角	分	业务联
合计																

部门经理：　　　　会计：　　　　仓库：　　　　经办人：

【业务 1.2.3】 领料单

领　料　单

领料部门：

用　途：　　　　　　　　　　　　　年　月　日　　　　　　　　第　　　号

材料			单位	数量		成本									
						单价	总价								
编号	名称	规格		请领	实发		百	十	万	千	百	十	元	角	分
合计															

业务联

部门经理：　　　　　　　会计：　　　　　　　仓库：　　　　　　　经办人：

【业务 1.3.1】 领料凭证汇总表

领料凭证汇总表

年　月

领料单位		领用材料名称	用途	数量	金额
基本生产车间					
辅助生产车间	修理车间				
	运输车间				
企业管理部门					
生产线流水线建造工程					

【业务 1.4.1】 领料凭证汇总表

领料凭证汇总表

<table>
<tr><td rowspan="2">部门
材料名称</td><td colspan="2">基本生产车间</td><td colspan="2">辅助生产车间</td><td rowspan="2">管理部门</td><td rowspan="2">合计</td></tr>
<tr><td>产品用</td><td>一般耗用</td><td>修理车间</td><td>运输车间</td></tr>
<tr><td>润滑油</td><td></td><td></td><td></td><td></td><td></td><td></td></tr>
<tr><td>标准件</td><td></td><td></td><td></td><td></td><td></td><td></td></tr>
<tr><td>螺 丝</td><td></td><td></td><td></td><td></td><td></td><td></td></tr>
<tr><td>电 机</td><td></td><td></td><td></td><td></td><td></td><td></td></tr>
<tr><td>轴 承</td><td></td><td></td><td></td><td></td><td></td><td></td></tr>
<tr><td>油 漆</td><td></td><td></td><td></td><td></td><td></td><td></td></tr>
<tr><td>合 计</td><td></td><td></td><td></td><td></td><td></td><td></td></tr>
</table>

【业务 1.4.2】 材料费用分配表

材料费用分配表

<table>
<tr><td colspan="2" rowspan="2">分配对象</td><td rowspan="2">成本费用项目</td><td rowspan="2">直接计入</td><td colspan="3">分配计入</td><td rowspan="2">材料费用合计</td></tr>
<tr><td>定额耗用量</td><td>分配率</td><td>分配额</td></tr>
<tr><td rowspan="3">基本生产车间</td><td>C1 车床</td><td>直接材料</td><td></td><td></td><td></td><td></td><td></td></tr>
<tr><td>H1 铣床</td><td>直接材料</td><td></td><td></td><td></td><td></td><td></td></tr>
<tr><td>小 计</td><td></td><td></td><td></td><td></td><td></td><td></td></tr>
<tr><td rowspan="6">辅助生产车间</td><td>修理车间</td><td>机物料消耗</td><td></td><td></td><td></td><td></td><td></td></tr>
<tr><td>修理车间</td><td>修理费</td><td></td><td></td><td></td><td></td><td></td></tr>
<tr><td>小 计</td><td></td><td></td><td></td><td></td><td></td><td></td></tr>
<tr><td>运输车间</td><td>机物料消耗</td><td></td><td></td><td></td><td></td><td></td></tr>
<tr><td>运输车间</td><td>修理费</td><td></td><td></td><td></td><td></td><td></td></tr>
<tr><td>小 计</td><td></td><td></td><td></td><td></td><td></td><td></td></tr>
<tr><td rowspan="3">基本生产车间</td><td>一般耗用</td><td>机物料消耗</td><td></td><td></td><td></td><td></td><td></td></tr>
<tr><td>一般耗用</td><td>修理费</td><td></td><td></td><td></td><td></td><td></td></tr>
<tr><td>小 计</td><td></td><td></td><td></td><td></td><td></td><td></td></tr>
<tr><td rowspan="2">管理部门</td><td>一般耗用</td><td>修理费</td><td></td><td></td><td></td><td></td><td></td></tr>
<tr><td>小 计</td><td></td><td></td><td></td><td></td><td></td><td></td></tr>
<tr><td colspan="3">合 计</td><td></td><td></td><td></td><td></td><td></td></tr>
</table>

【业务 1.4.3】 记账凭证（3 张）

【业务 1.5.1】 外购动力费用分配表

外购动力费用分配表

分配对象		成本费用项目	数量（生产工时）	数量（用电量）	单价	金额
基本生产车间	PDC	燃力及动力				
	PDF	燃力及动力				
	CAD	燃力及动力				
	小计					
辅助生产车间	运输车间	燃力及动力				
	修理车间	燃力及动力				
	小计					
管理部门	电费					
基本生产车间	电费					
合 计						

【业务 1.5.2】 记账凭证（2 张）

【业务 1.6.1】 工资费用分配表（一）

工资费用分配表（一）

应借科目		成本或费用项目	直接计入	分配计入（分配率 63.5000）		工资费用合计
				分配标准	分配金额	
基本生产成本	PDC	直接人工	—			
	PDF	直接人工	—			
	CAD	直接人工	—			
	小计	—	—			
辅助生产成本	修理车间	工 资		—	—	
	运输车间	工 资		—	—	
制造费用		工 资		—	—	
管理费用		工 资		—	—	
销售费用		工 资		—	—	
合 计				—		

【业务 1.6.2】 记账凭证（2 张）

【业务 1.7.1】 工资费用分配表（二）

工资费用分配表（二）

科目		应付职工薪酬								合计
		医疗保险	养老保险	失业保险	工伤保险	生育保险	住房公积金	工会经费	职工教育经费	
辅助生产成本	修理车间									
	运输车间									
基本生产成本	PDC									
	PDF									
	CAD									
制造费用										
管理费用										
销售费用										
合计										

【业务 1.7.2】 记账凭证（2 张）

【业务 1.8.1】 固定资产折旧计算表

固定资产折旧计算表

部门	固定资产名称	原值	预计净残值	年折旧额	月折旧额
第一基本生产车间	五位测量显示控制仪				

【业务 1.8.2】 固定资产折旧计算表

固定资产折旧计算表

年份	部门	固定资产名称	期初账面余额	年折旧率	年折旧额	月折旧额	期末折余价值
第 1 年	运输车间	东风乘龙平板载货车					
第 1 年	运输车间	东风乘龙牵引货车					
第 2 年	运输车间	东风乘龙平板载货车					
第 2 年	运输车间	东风乘龙牵引货车					
第 3 年	运输车间	东风乘龙平板载货车					
第 3 年	运输车间	东风乘龙牵引货车					

【业务 1.9.1】 固定资产折旧计算明细表

固定资产折旧计算明细表

部　门	固定资产名称	计提基础	月折旧率（%）	月折旧额（元）
基本生产车间	房屋建筑物			
	生产设备			
修理车间	房屋建筑物			
	机器设备			
运输车间	房屋建筑物			
	运输设备			
管理部门	房屋建筑物			
	办公设备			
合　计		—	—	

【业务 1.9.2】 固定资产折旧汇总计算表

固定资产折旧汇总计算表

部　门	应借科目	本月折旧额（元）
基本生产车间	制造费用	
修理车间	辅助生产成本	
运输车间	辅助生产成本	
管理部门	管理费用	
合　计	—	

【业务 1.9.3】 记账凭证（1 张）

【业务 2.1.1】 辅助生产费用分配表

辅助生产费用分配表

辅助生产车间		供电车间	修理车间	运输车间	合 计
计量单位					—
劳务数量					—
分配金额					
分配率					—
基本生产车间	第一车间(耗用数量)				—
	第一车间(分配金额)				
	第二车间(耗用数量)				—
	第二车间(分配金额)				
	金额小计				
管理部门	耗用数量				—
	分配金额				
销售部门	耗用数量				—
	分配金额				
金额合计					

【业务 2.1.2】 记账凭证（2 张）

【业务 2.2.1】 辅助生产费用分配表

辅助生产费用分配表

部 门	运输费用分配率	运输费用	修理费用分配率	修理费用
第一生产车间				
第二生产车间				
修理车间			—	—
管理部门				
合 计	—		—	

【业务 2.2.2】 记账凭证（1 张）

【业务 2.3.1】 辅助生产费用分配表（交互或计划计算方法）

辅助生产费用分配表（交互或计划计算方法）

分配对象		按计划成本分配				成本差异分配			
辅助生产车间名称		供 电	修 理	运 输	合 计	供 电	修 理	运 输	合 计
待分配费用（元）									
供应产品、劳务数量					—				—
分配率（单位成本）					—				—
辅助生产车间（供电车间）	耗用数量	—			—	—	—	—	—
	分配金额	—				—	—	—	—
辅助生产车间（修理车间）	耗用数量		—		—	—	—	—	—
	分配金额		—			—	—	—	—
辅助生产车间（运输车间）	耗用数量			—	—	—	—	—	—
	分配金额			—		—	—	—	—
金额小计						—	—	—	—
基本生产车间（第一生产车间）	耗用数量				—				—
	分配金额								
基本生产车间（第二生产车间）	耗用数量				—				—
	分配金额								
金额小计									
管理部门	耗用数量				—				—
	分配金额								
销售部门	耗用数量				—				—
	分配金额								
分配金额合计									
“实际”辅助成本						—	—	—	—
辅助生产成本差异						—	—	—	—

【业务 2.3.2】 记账凭证（2 张）

【业务 2.3.3】 记账凭证（2 张）

【业务 2.4.1】　辅助生产费用分配表（交互或计划计算方法）

辅助生产费用分配表（交互或计划计算方法）

分配对象		交互分配				对外分配			
辅助生产车间名称		供　电	修　理	运　输	合　计	供　电	修　理	运　输	合　计
待分配费用（元）									
供应产品、劳务数量					—				—
分配率（单位成本）					—				—
辅助生产车间（供电车间）	耗用数量	—			—	—	—	—	—
	分配金额	—				—	—	—	—
辅助生产车间（修理车间）	耗用数量		—		—	—	—	—	—
	分配金额		—			—	—	—	—
辅助生产车间（运输车间）	耗用数量			—	—	—	—	—	—
	分配金额			—		—	—	—	—
金额小计						—	—	—	—
基本生产车间（第一生产车间）	耗用数量	—	—	—	—				—
	分配金额	—	—	—	—				
基本生产车间（第二生产车间）	耗用数量	—	—	—	—				—
	分配金额	—	—	—	—				
金额小计		—	—	—	—				
管理部门	耗用数量	—	—	—	—				—
	分配金额	—	—	—	—				
销售部门	耗用数量	—	—	—	—				—
	分配金额	—	—	—	—				
金额合计									

【业务 2.4.2】　记账凭证（1 张）

【业务 2.4.3】　记账凭证（2 张）

【业务 2.5.1】　记账凭证（1 张）

【业务 2.5.2】　记账凭证（1 张）

【业务 2.5.3】　记账凭证（2 张）

【业务 2.5.4】　记账凭证（1 张）

【业务 2.5.5】　记账凭证（1 张）

【业务 2.5.6】　记账凭证（1 张）

【业务 2.5.7】　记账凭证（1 张）

【业务 2.5.8】 制造费用明细账

分页:______ 总页:______

______级科目: ______

______级科目: ______

年		凭证号数	摘要									
月	日			十万千百十元角分	十万千百十元角分	十万千百十元角分	十万千百十元角分	十万千百十元角分	十万千百十元角分	十万千百十元角分	十万千百十元角分	十万千百十元角分

【业务 2.5.9】 制造费用分配表

制造费用分配表

分配对象	分配标准（机器工时）	分配率	分配金额（元）
甲产品			
乙产品			
合 计			

【业务 2.5.10】 记账凭证（2 张）

【业务 2.6.1】 制造费用分配表

制造费用分配表

分配对象	分配标准（工人工资）	分配率	分配金额（元）
C1 车床			
H1 铣床			
合 计			

【业务 2.6.2】 记账凭证（2 张）

【业务 2.7.1】 制造费用分配表

制造费用分配表

分配对象	分配标准（生产工时）	分配率	分配金额（元）
PDC			
PDF			
CAD			
合 计			

【业务 2.7.2】 记账凭证（2 张）

【业务 3.1.1】 约当产量计算表

约当产量计算表

工　序	产品工时定额（小时）	在产品完工率（%）	在产品数量（件）	在产品约当产量
第一道工序				
第二道工序				
第三道工序				
合　计		—		

【业务 3.1.2】 约当产量计算表

约当产量计算表

工　序	产品工时定额（小时）	在产品完工率（%）	在产品数量（件）	在产品约当产量
第一道工序				
第二道工序				
合　计		—		

【业务 3.1.3】 产品成本计算表

产品成本计算表

成本项目	生产费用合计	产品数量		分配率	完工产品	月末在产品
		完工产品	在产品			
直接材料						
直接人工						
制造费用						
合　计		—	—	—		

【业务 3.2.1】 直接材料定额耗用表

直接材料定额耗用表

零 件	在产品（件）	约当产量（件）	单件材料定额（元）	定额材料成本（元）
D101 号零件				
D102 号零件				
D103 号零件				
D104 号零件				
合 计	—	—	—	

【业务 3.2.2】 直接人工定额耗用表

直接人工定额耗用表

零 件	在产品(件)	约当产量（件）	工时定额（小时）	人工定额（元/小时）	人工定额成本（元）
D101 号零件					
D102 号零件					
D103 号零件					
D104 号零件					
合 计	—	—	—	—	

【业务 3.2.3】 制造费用定额耗用表

制造费用定额耗用表

零 件	在产品(件)	约当产量（件）	工时定额（小时）	制造费用定额(元/小时)	制造费用定额成本（元）
D101 号零件					
D102 号零件					
D103 号零件					
D104 号零件					
合 计	—	—	—	—	

【业务 3.2.4】 产品成本计算表

产品成本计算表

项　目	直接材料	直接人工	制造费用	合　计
月初在产品成本				
本月生产费用				
生产费用合计				
月末在产品成本				
完工产品成本				
完工产品单位成本				

【业务 3.2.5】 记账凭证（1 张）

【业务 3.3.1】 产品成本计算表

产品成本计算表

项　目	直接材料	直接人工	制造费用	合　计
月初在产品成本				
本月生产费用				
生产费用合计				
完工产品费用定额				
月末在产品费用定额				
定额合计				
分配率				
完工产品成本				
单位成本				
月末在产品成本				

【业务 3.3.2】 记账凭证（1 张）

【业务 3.4.1】　产品成本计算表

产品成本计算表

项　目	直接材料	直接人工	制造费用	合　计
月初在产品成本				
本月生产费用				
生产费用合计				
月末在产品成本				
完工产品成本				
完工产品单位成本				

【业务 3.4.2】　记账凭证（1 张）

【业务 3.5.1】　入库单

入　库　单

年　月　日　　单号 30583900

<table>
<tr><td>交来单位及部门</td><td colspan="2"></td><td>验收仓库</td><td colspan="2"></td><td>入库日期</td><td colspan="2"></td></tr>
<tr><td rowspan="2">编号</td><td rowspan="2">名称及规格</td><td rowspan="2">单位</td><td colspan="2">数量</td><td colspan="2">实际价格</td><td rowspan="2"></td></tr>
<tr><td>交库</td><td>实收</td><td>单价</td><td>金额</td></tr>
<tr><td></td><td></td><td></td><td></td><td></td><td></td><td></td><td></td></tr>
<tr><td></td><td></td><td></td><td></td><td></td><td></td><td></td><td></td></tr>
<tr><td></td><td></td><td></td><td></td><td></td><td></td><td></td><td></td></tr>
<tr><td></td><td></td><td></td><td></td><td></td><td></td><td></td><td></td></tr>
<tr><td colspan="2">合　计</td><td></td><td></td><td></td><td></td><td></td><td></td></tr>
</table>

财务联

财务经理：　仓库主管：　经办人：　制单人：

【业务 3.5.2】　产品成本计算表

产品成本计算表

项　目	直接材料	直接人工	制造费用	合　计
月初在产品成本				
本月生产费用				
生产费用合计				
月末在产品成本				
完工产品成本				
完工产品单位成本				

【业务 3.5.3】　记账凭证（1 张）

【业务 3.6.1】　入库单

入　库　单

年　月　日　　　　单号 30663900

<table>
<tr><td>交来单位及部门</td><td colspan="2"></td><td>验收仓库</td><td colspan="2"></td><td>入库日期</td><td colspan="2"></td></tr>
<tr><td rowspan="2">编号</td><td colspan="2" rowspan="2">名称及规格</td><td rowspan="2">单位</td><td colspan="2">数量</td><td colspan="3">实际价格</td></tr>
<tr><td>交库</td><td>实收</td><td>单价</td><td colspan="2">金额</td></tr>
<tr><td></td><td colspan="2"></td><td></td><td></td><td></td><td></td><td colspan="2"></td></tr>
<tr><td></td><td colspan="2"></td><td></td><td></td><td></td><td></td><td colspan="2"></td></tr>
<tr><td></td><td colspan="2"></td><td></td><td></td><td></td><td></td><td colspan="2"></td></tr>
<tr><td></td><td colspan="2"></td><td></td><td></td><td></td><td></td><td colspan="2"></td></tr>
<tr><td colspan="3">合　计</td><td></td><td></td><td></td><td></td><td colspan="2"></td></tr>
</table>

财务联

财务经理：　　仓库主管：　　经办人：　　制单人：

【业务 3.6.2】　产品成本计算表

产品成本计算表

项　目	直接材料	直接人工	制造费用	合　计
月初在产品成本				
本月生产费用				
生产费用合计				
月末在产品成本				
完工产品成本				
完工产品单位成本				

【业务 3.6.3】　记账凭证（1 张）

【业务 4.1.1】　其他费用分配表

其他费用分配表

部　门	办公费	劳动保护费	差旅费	其他费用	合　计
一车间					
二车间					
供电车间					
机修车间					
管理部门					
合　计					

【业务 4.1.2】 材料费用分配表

材料费用分配表

分配对象		成本费用项目	直接计入	分配计入（定额费用）	分配计入（分配率）	分配计入（分配额）	材料费用合计
甲产品		直接材料					
乙产品		直接材料					
丙产品		直接材料					
一车间	一般耗用	机物料					
	修理耗用	修理费					
	小 计						
二车间	一般耗用	机物料					
	修理耗用	修理费					
	小 计						
供电车间	一般耗用	机物料					
	修理耗用	修理费					
	小 计						
机修车间	一般耗用	机物料					
	修理耗用	修理费					
	小 计						
合 计							

【业务 4.1.3】 工资费用分配表

工资费用分配表

应借科目		成本费用项目	直接计入	分配计入（分配标准）	分配计入（分配率）	工资费用合计
基本生产成本	甲产品	直接人工				
	乙产品	直接人工				
	小 计					
制造费用	一车间	工 资				
基本生产成本	丙产品	直接人工				
制造费用	二车间	工 资				
辅助生产成本	供电车间	工 资				
辅助生产成本	机修车间	工 资				
管理费用	管理部门	工 资				
合 计						

【业务 4.1.4】 职工福利费分配表

职工福利费分配表

分配对象		成本费用项目	工资总额	职工福利费
一车间	甲产品	福利费		
	乙产品	福利费		
	管理人员	福利费		
	小　计			
二车间	丙产品	福利费		
	管理人员	福利费		
	小　计			
供电车间	生产人员	福利费		
	管理人员	福利费		
机修车间	生产人员	福利费		
	管理人员	福利费		
管理部门	管理人员	福利费		
合　计				

【业务 4.1.5】 固定资产折旧费用分配表

固定资产折旧费用分配表

部　门	应借科目	本月折旧额
一车间	制造费用	
二车间	制造费用	
供电车间	辅助生产成本	
机修车间	辅助生产成本	
管理部门	管理费用	
合　计		

【业务 4.1.6】 低值易耗品摊销费用分配表

低值易耗品摊销费用分配表

（应借记账户）总账	明细科目	成本费用项目	应摊销金额	摊销期限	本月摊销金额	未摊销金额
制造费用	一车间	低值易耗品				
	二车间	低值易耗品				
辅助生产成本	供电车间	低值易耗品				
辅助生产成本	机修车间	低值易耗品				
合 计						

【业务 4.1.7】 辅助生产费用分配表（交互或计划计算方法）

辅助生产费用分配表（交互或计划计算方法）

分配对象		交互分配			对外分配		
辅助生产车间名称		供电车间	机修车间	合 计	供电车间	机修车间	合 计
待分配费用（元）							
供应产品、劳务数量				—			—
分配率（单位成本）				—			—
甲产品	耗用数量	—	—	—		—	—
	分配金额	—	—	—		—	
乙产品	耗用数量	—	—	—		—	—
	分配金额	—	—	—		—	
丙产品	耗用数量	—	—	—		—	—
	分配金额	—	—	—		—	
供电车间	耗用数量	—		—	—	—	—
	分配金额	—			—	—	—
机修车间	耗用数量		—	—	—	—	—
	分配金额		—		—	—	—
一车间	耗用数量	—	—	—			—
	分配金额	—	—	—			
二车间	耗用数量	—	—	—			—
	分配金额	—	—	—			
管理部门	耗用数量	—	—	—			—
	分配金额	—	—	—			
分配金额合计		—	—	—			

【业务 4.1.8】 制造费用分配表

制造费用分配表

产品名称	生产工时（小时）	分配率（元/小时）	分配金额
甲产品			
乙产品			
丙产品			
合　计		—	

【业务 4.2.1】 完工产品和月末在产品定额计算表

完工产品和月末在产品定额计算表

<table>
<tr><th colspan="2">产品名称</th><th>数量</th><th>原材料（费用定额）</th><th>其他费用（工时定额）</th><th>其他费用（定额工时）</th></tr>
<tr><td rowspan="3">完工产品</td><td>甲产品</td><td></td><td></td><td></td><td></td></tr>
<tr><td>乙产品</td><td></td><td></td><td></td><td></td></tr>
<tr><td>丙产品</td><td></td><td></td><td></td><td></td></tr>
<tr><td rowspan="3">月末
在产品</td><td>甲产品</td><td></td><td></td><td></td><td></td></tr>
<tr><td>乙产品</td><td></td><td></td><td></td><td></td></tr>
<tr><td>丙产品</td><td></td><td></td><td></td><td></td></tr>
<tr><td rowspan="3">总定额</td><td>甲产品</td><td></td><td></td><td></td><td></td></tr>
<tr><td>乙产品</td><td></td><td></td><td></td><td></td></tr>
<tr><td>丙产品</td><td></td><td></td><td></td><td></td></tr>
</table>

【业务 4.2.2】　甲产品的完工产品和月末在产品成本计算表

完工产品和月末在产品成本计算表

项　目	直接材料	直接人工	制造费用	合　计
月初在产品成本				
本月生产费用				
生产费用合计				
分配率				
完工产品定额				
月末在产品定额				
小　计				
完工产品成本				
单位成本				
月末在产品成本				

【业务 4.2.3】　乙产品的完工产品和月末在产品成本计算表

完工产品和月末在产品成本计算表

项　目	直接材料	直接人工	制造费用	合　计
月初在产品成本				
本月生产费用				
生产费用合计				
分配率				
完工产品定额				
月末在产品定额				
小　计				
完工产品成本				
单位成本				
月末在产品成本				

【业务 4.2.4】 丙产品的完工产品和月末在产品成本计算表

完工产品和月末在产品成本计算表

项 目	直接材料	直接人工	制造费用	合 计
月初在产品成本				
本月生产费用				
生产费用合计				
分配率				
完工产品定额				
月末在产品定额				
小 计				
完工产品成本				
单位成本				
月末在产品成本				

【业务 4.2.5】 产品成本汇总表

产品成本汇总表

成本项目	甲产品		乙产品		丙产品		合 计
	总成本	单位成本	总成本	单位成本	总成本	单位成本	
直接材料							
直接人工							
制造费用							
合 计							

【业务 4.3.1】 甲产品的生产成本明细账

生产成本明细账

科目名称 ________ 页次 ___ 总页 ___ 投产日期 ________ 计划工时 ________
生产批号 ________________ 完工日期 ________ 实际工时 ________
生产车间 ________________
产品名称 ________________ 数量 ________ 产品规格 ________________ 完成产量 ________

年		凭证号数	摘要		成本项目					
					直接材料	直接人工	制造费用	自制半成品		
月	日			千百十万千百十元角分	千百十万千百十元角分	千百十万千百十元角分	千百十万千百十元角分	千百十万千百十元角分	千百十万千百十元角分	千百十万千百十元角分

【业务 4.3.2】 乙产品的生产成本明细账

生产成本明细账

科目名称 ________ 页次 ___ 总页 ___　　　　投产日期 ________ 计划工时 ________

生产批号 ________________　　　　完工日期 ________ 实际工时 ________

生产车间 ________________

产品名称 ________________ 数量 ________ 产品规格 ____________________ 完成产量 ________

年		凭证号数	摘要		成本项目					
					直接材料	直接人工	制造费用	自制半成品		
月	日			千百十万千百十元角分	千百十万千百十元角分	千百十万千百十元角分	千百十万千百十元角分	千百十万千百十元角分	千百十万千百十元角分	千百十万千百十元角分

【业务 4.3.3】 乙产品成本还原表

乙产品成本还原表

项　目	数量（件）	自制半成品	直接材料	直接人工	制造费用	合　计
产成品成本						
第一步所产半成品成本						
还原分配率＝所耗/所产						
所耗半成品还原						
还原后的产成品总成本						
还原后的产品单位成本						

【业务 4.4.1】 Q 半成品的生产成本明细账

科目名称 ________ 页次 ___ 总页 ___　　　**生产成本明细账**　　　投产日期 ________ 计划工时 ________

生产批号 ________________　　　完工日期 ________ 实际工时 ________

生产车间 ________________

产品名称 ________________ 数量 ________ 产品规格 ________________ 完成产量 ________

年		凭证号数	摘要		成本项目					
					直接材料	直接人工	制造费用	合计		
月	日			千百十万千百十元角分	千百十万千百十元角分	千百十万千百十元角分	千百十万千百十元角分	千百十万千百十元角分	千百十万千百十元角分	千百十万千百十元角分

【业务 4.4.2】 B 产品的生产成本明细账

生产成本明细账

科目名称 ________ 页次 ___ 总页 ___　　　　投产日期 ________ 计划工时 ________

生产批号 ________________　　　　完工日期 ________ 实际工时 ________

生产车间 ________________

产品名称 ________________ 数量 ________ 产品规格 ____________________ 完成产量 ________

年		凭证号数	摘要		成本项目					
					直接材料	直接人工	制造费用	合计		
月	日			千百十万千百十元角分	千百十万千百十元角分	千百十万千百十元角分	千百十万千百十元角分	千百十万千百十元角分	千百十万千百十元角分	千百十万千百十元角分

【业务 4.5.1】 甲产品第一步骤的产品成本计算表

产品成本计算表

日 期	摘 要	直接材料	直接人工	制造费用	合 计
6月1日	月初在产品				
6月30日	本月投产				
6月30日	生产费用合计				
6月30日	约当产量				—
6月30日	单位成本				
6月30日	本月计入产成品成本				
6月30日	月末在产品				

【业务 4.5.2】 甲产品第二步骤的产品成本计算表

产品成本计算表

日 期	摘 要	直接材料	直接人工	制造费用	合 计
6月1日	月初在产品				
6月30日	本月投产				
6月30日	生产费用合计				
6月30日	约当产量				—
6月30日	单位成本				
6月30日	本月计入产成品成本				
6月30日	月末在产品				

【业务 4.5.3】 甲产品的产品成本计算表

产品成本计算表

日 期	摘 要	直接材料	直接人工	制造费用	合 计
6月30日	结转的第一步成本份额				
6月30日	结转的第二步成本份额				
6月30日	完工产品成本				

【业务 4.6.1】 材料费用分配表

材料费用分配表

应借科目	明细科目	（原材料）计划成本	成本差异（-4%）	实际成本
生产成本	基本生产成本 A			
	基本生产成本 B			
	基本生产成本 C			
	基本生产成本 D			
	基本生产成本 E			
合 计				

【业务 4.6.2】 工资费用分配表

工资费用分配表

应借科目	明细科目	成本费用项目	分配计入			工资费用合计
			分配标准	分配率	分配金额	
生产成本	基本生产成本 A	直接人工				
	基本生产成本 B	直接人工				
	基本生产成本 C	直接人工				
	基本生产成本 D	直接人工				
	基本生产成本 E	直接人工				
合 计						

【业务 4.6.3】 职工福利费分配表

职工福利费分配表

分配对象	成本费用项目	工资总额	应提职工福利费（14%）
基本生产成本 A	直接人工		
基本生产成本 B	直接人工		
基本生产成本 C	直接人工		
基本生产成本 D	直接人工		
基本生产成本 E	直接人工		
合 计			

【业务 4.6.4】 制造费用分配表

制造费用分配表

分配对象	分配标准（生产工时）	分配率（元/小时）	分配金额
基本生产成本 A			
基本生产成本 B			
基本生产成本 C			
基本生产成本 D			
基本生产成本 E			
合 计			

【业务 4.6.5】 A 产品的产品成本计算表

产品成本计算表

日 期	摘 要	直接材料	直接人工	制造费用	合 计
4 月 30 日	月末在产品				
5 月 31 日	本月投产				
	总成本				

【业务 4.6.6】 B 产品的产品成本计算表

产品成本计算表

日期	摘要	直接材料	直接人工	制造费用	合计
4月30日	月末在产品				
5月31日	本月投产				
	总成本				
	单位成本				

【业务 4.6.7】 C 产品的产品成本计算表

产品成本计算表

日期	摘要	直接材料	直接人工	制造费用	合计
4月30日	月末在产品				
5月31日	本月投产				
	总成本				
	单台计划成本				
	入库15台产品成本				
	月末在产品成本				

【业务 4.6.8】 D 产品的产品成本计算表

产品成本计算表

日期	摘要	直接材料	直接人工	制造费用	合计
5月31日	本月投产				

【业务 4.6.9】 E 产品的产品成本计算表

产品成本计算表

日期	摘要	直接材料	直接人工	制造费用	合计
5月31日	本月投产				
	总成本				
	单位成本				

【业务 4.7.1】 生产成本明细账（基本生产成本）

生产成本明细账

科目名称＿＿＿＿ 页次＿＿ 总页＿＿
生产批号＿＿＿＿＿＿
生产车间＿＿＿＿＿＿
产品名称＿＿＿＿＿＿ 数量＿＿＿＿ 产品规格＿＿＿＿＿＿ 完成产量＿＿＿＿
投产日期＿＿＿＿ 计划工时＿＿＿＿
完工日期＿＿＿＿ 实际工时＿＿＿＿

年		凭证号数	摘要		成本项目					
					直接材料	直接人工	制造费用	合计		
月	日			千百十万千百十元角分	千百十万千百十元角分	千百十万千百十元角分	千百十万千百十元角分	千百十万千百十元角分	千百十万千百十元角分	千百十万千百十元角分

【业务 4.7.2】 A-10 批号甲产品的生产成本明细账

生产成本明细账

科目名称 ________ 页次 ___ 总页 ___　　投产日期 ________ 计划工时 ________

生产批号 ________________　　完工日期 ________ 实际工时 ________

生产车间 ________________

产品名称 ________________ 数量 ________ 产品规格 ________________ 完成产量 ________

年		凭证号数	摘要		成本项目					
					直接材料	直接人工	制造费用	合计		
月	日			千百十万千百十元角分	千百十万千百十元角分	千百十万千百十元角分	千百十万千百十元角分	千百十万千百十元角分	千百十万千百十元角分	千百十万千百十元角分

【业务 4.7.3】 A-11 批号乙产品的生产成本明细账

生产成本明细账

科目名称 ________ 页次 ___ 总页 ___　　投产日期 ________ 计划工时 ________

生产批号 ________________　　完工日期 ________ 实际工时 ________

生产车间 ________________

产品名称 ________________ 数量 ________ 产品规格 ________________ 完成产量 ________

年		凭证号数	摘要		成本项目					
					直接材料	直接人工	制造费用	合计		
月	日			千百十万千百十元角分	千百十万千百十元角分	千百十万千百十元角分	千百十万千百十元角分	千百十万千百十元角分	千百十万千百十元角分	千百十万千百十元角分

【业务 4.7.4】 A-12 批号丙产品的生产成本明细账

生产成本明细账

科目名称 ________ 页次 ___ 总页 ___　　　　投产日期 ________ 计划工时 ________

生产批号 ________________　　　　完工日期 ________ 实际工时 ________

生产车间 ________________

产品名称 ________________ 数量 ________ 产品规格 ________________ 完成产量 ________

年		凭证号数	摘要		成本项目					
					直接材料	直接人工	制造费用	合计		
月	日			千百十万千百十元角分	千百十万千百十元角分	千百十万千百十元角分	千百十万千百十元角分	千百十万千百十元角分	千百十万千百十元角分	千百十万千百十元角分

【业务 4.7.5】 A-13 批号丁产品的生产成本明细账

生产成本明细账

科目名称 ________ 页次 ___ 总页 ___　　投产日期 ________ 计划工时 ________

生产批号 ________________　　完工日期 ________ 实际工时 ________

生产车间 ________________

产品名称 ________________ 数量 ________ 产品规格 ________________ 完成产量 ________

年		凭证号数	摘要		成本项目					
					直接材料	直接人工	制造费用	合计		
月	日			千百十万千百十元角分	千百十万千百十元角分	千百十万千百十元角分	千百十万千百十元角分	千百十万千百十元角分	千百十万千百十元角分	千百十万千百十元角分

【业务 5.1.1】 产品用料系数计算表

产品用料系数计算表

产品名称	材料消耗定额（千克）	用料系数
甲		
乙		
丙		

【业务 5.1.2】 产品成本计算表

产品成本计算表

日 期	摘 要	直接材料	直接人工	制造费用	合 计
6月30日	月初在产品				
6月30日	本月费用				
6月30日	生产费用合计				
6月30日	本月完工产品成本				
6月30日	月末在产品成本				

【业务 5.1.3】 各种产品成本计算表

各种产品成本计算表

项 目	产量（件）	材料用料系数	材料费用总系数	工时定额	工时总定额	直接材料	直接人工	制造费用	合 计
分配率									
甲									
乙									
丙									
合 计									

【业务 5.2.1】 原材料定额成本和脱离定额差异计算表

原材料定额成本和脱离定额差异计算表

材料名称	计量单位	计划单价	定额成本			计划价格费用		脱离定额差异	
			消耗定额	定额消耗量	金额（元）	实际消耗量	金额（元）	消耗量差异	费用差异（元）
M 材料	千克								
N 材料	千克								
辅助材料	千克								
合　计									

【业务 5.2.2】 定额人工费用和脱离定额差异汇总表

定额人工费用和脱离定额差异汇总表

定额人工费用			实际人工费用			脱离定额差异（元）
定额生产工时	计划小时工资率	金额合计（元）	实际生产工时	实际工时工资率	金额合计（元）	

【业务 5.2.3】 定额制造费用和脱离定额差异汇总表

定额制造费用和脱离定额差异汇总表

定额制造费用			实际制造费用			脱离定额差异（元）
定额生产工时	计划小时费用率	金额合计（元）	实际生产工时	实际工时费用率	金额合计（元）	

【业务 5.2.4】 产品成本明细表

产品成本明细表

摘要		直接材料	直接人工	制造费用	合计
月初在产品	定额成本				
	脱离定额差异				
月初在产品定额变动	定额成本调整				
	定额变动差异				
本月生产费用	定额成本				
	脱离定额差异				
	材料成本差异				
生产费用合计	定额成本				
	脱离定额差异				
	材料成本差异				
	定额变动差异				
差异分配率	脱离定额差异				
本月产成品	定额成本				
	脱离定额差异				
	材料成本差异				
	定额变动差异				
	实际成本				
月末在产品	定额成本				
	脱离定额差异				

【业务 5.3.1】 联产品成本计算表

联产品成本计算表

产品名称	产量（件）	系数	标准产量	联产品成本	标准产品单位成本	联产品总成本	联产品单位成本
#201							
#202							
#203							
合　计							

【业务 5.3.2】 #201 产品成本汇总计算表

#201 产品成本汇总计算表

成本项目	联产成本（比例）	联产成本（金额）	分离成本	总成本	单位成本
直接材料					
直接人工					
制造费用					
合　计					

【业务 5.3.3】 #202 产品成本汇总计算表

#202 产品成本汇总计算表

成本项目	联产成本（比例）	联产成本（金额）	分离成本	总成本	单位成本
直接材料			—		
直接人工			—		
制造费用			—		
合　计			—		

【业务 5.3.4】 #203 产品成本汇总计算表

#203 产品成本汇总计算表

成本项目	联产成本（比例）	联产成本（金额）	分离成本	总成本	单位成本
直接材料			—		
直接人工			—		
制造费用			—		
合　计			—		

【业务 5.4.1】 联产品成本计算表

联产品成本计算表

产品名称	产　量	联产品成本	平均单位成本	联产品总成本	联产品单位成本
#201		—	—		
#202		—	—		
#203		—	—		
合　计					

【业务 5.4.2】 #201 产品成本汇总计算表

#201 产品成本汇总计算表

成本项目	联产成本（金额）	分离成本	总成本	单位成本
直接材料				
直接人工				
制造费用				
合　计				

【业务 5.4.3】 #202 产品成本汇总计算表

#202 产品成本汇总计算表

成本项目	联产成本（金额）	分离成本	总成本	单位成本
直接材料		—		
直接人工		—		
制造费用		—		
合　计		—		

【业务 5.4.4】 #203 产品成本汇总计算表

#203 产品成本汇总计算表

成本项目	联产成本（金额）	分离成本	总成本	单位成本
直接材料		—		
直接人工		—		
制造费用		—		
合　计		—		

【业务 5.5.1】 联产品成本计算表

联产品成本计算表

产品名称	产量（件）	售价	相对售价	联产成本	分配率	联产品总成本	联产品单位成本
#201				—	—		
#202				—	—		
#203				—	—		
合　计							

【业务 5.5.2】 #201 产品成本汇总计算表

#201 产品成本汇总计算表

成本项目	联产成本（金额）	分离成本	总成本	单位成本
直接材料				
直接人工				
制造费用				
合　计				

【业务 5.5.3】 #202 产品成本汇总计算表

#202 产品成本汇总计算表

成本项目	联产成本（金额）	分离成本	总成本	单位成本
直接材料		—		
直接人工		—		
制造费用		—		
合 计		—		

【业务 5.5.4】 #203 产品成本汇总计算表

#203 产品成本汇总计算表

成本项目	联产成本（金额）	分离成本	总成本	单位成本
直接材料		—		
直接人工		—		
制造费用		—		
合 计		—		

【业务 5.6.1】 联产品成本计算表

联产品成本计算表

产品名称	产量（件）	净实现价值	联产成本	分配率	联产品总成本	联产品单位成本
#201			—	—		
#202			—	—		
#203			—	—		
合 计						

【业务 5.6.2】 #201 产品成本汇总计算表

#201 产品成本汇总计算表

成本项目	联产成本（比例）	联产成本（金额）	分离成本	总成本	单位成本
直接材料					
直接人工					
制造费用					
合　计					

【业务 5.6.3】 #202 产品成本汇总计算表

#202 产品成本汇总计算表

成本项目	联产成本（比例）	联产成本（金额）	分离成本	总成本	单位成本
直接材料			—		
直接人工			—		
制造费用			—		
合　计			—		

【业务 5.6.4】 #203 产品成本汇总计算表

#203 产品成本汇总计算表

成本项目	联产成本（比例）	联产成本（金额）	分离成本	总成本	单位成本
直接材料			—		
直接人工			—		
制造费用			—		
合　计			—		

【业务 5.7.1】 人工费用、制造费用分配表

人工费用、制造费用分配表

项　目	工时（小时）	直接人工（元）	制造费用（元）
本月发生额			
分配率			
甲产品			
乙产品			

【业务 5.7.2】 甲产品的产品成本计算表

产品成本计算表

摘　要	直接材料	直接人工	制造费用	合　计
月初在产品（定额成本）				
本月费用				
扣减副产品原材料 40000 千克				
合　计				
完工产品				
月末在产品（定额成本）				

【业务 5.7.3】 乙产品的产品成本计算表

产品成本计算表

摘　要	直接材料	直接人工	制造费用	合计
月初在产品（定额成本）				
本月费用				
合　计				
完工产品				
单位成本				
月末在产品（定额成本）				

【业务 6.1.1】 产品生产成本表（产品种类反映）

产品生产成本表（产品种类反映）

产品名称	计量单位	本年实际产量	单位成本			本年累计总成本		
			上年实际	本年计划	本年实际	上年实际	本年计划	本年实际
A1	件							
A2	件							
A3	件							
合 计								

【业务 6.1.2】 可比产品成本计划降低任务表

可比产品成本计划降低任务表

产品名称	计划产量	单位成本		总成本		降低任务	
		上年实际	本年计划	上年实际	本年计划	降低额	降低率
A1							
A2							
A3							
合 计							

【业务 6.1.3】 可比产品成本实际完成情况表

可比产品成本实际完成情况表

产品名称	实际产量	单位成本			总成本			降低任务	
		上年实际	本年计划	本年实际	上年实际	本年计划	本年实际	降低额	降低率
A1									
A2									
A3									
合 计									

【业务 6.2.1】 制造费用明细表

制造费用明细表

项　目	行　次	本年计划	本年实际
工　资	1		
福利费用	2		
折旧费	3		
修理费	4		
办公费	5		
水电费	6		
机物料消耗	7		
动力费用	8		
租赁费	9		
保险费	10		
低值易耗品摊销	11		
季节性、修理期间的停工损失	12		
其　他	13		
合　计	14		

【业务 6.3.1】 A 产品的主要产品单位成本表

主要产品单位成本表

成本项目	上年实际平均	本年计划平均	本年实际平均
直接材料			
直接人工			
制造费用			
产品单位成本			
主要材料消耗量	—	—	—
甲材料（千克）			
乙产品（千克）			

【业务 6.4.1】 B 产品的单位成本升降分析表

单位成本升降分析表

成本项目	计划成本	实际成本	实际计划		各项目变动对成本合计的影响
			降低额	降低率	
原材料					
燃料和动力					
生产工人工资					
制造费用					
其他费用					
生产成本					

【业务 7.1.1】 平均单价计算表

平均单价计算表

材料名称	计量单位	平均单价
A 材料	千克	
B 材料	千克	
C 材料	千克	
包装物	个	
低值易耗品	件	
燃料	千克	

【业务 7.1.2】 领料金额汇总表

领料金额汇总表

材料名称	基本生产车间		辅助生产车间		管理部门	在建工程	合 计
	产品用	车间用	修理车间	运输车间			
A 材料							
B 材料							
C 材料							
包装物							
低值易耗品							
燃 料							
合 计							

【业务 7.1.3】 共同耗用包装物分配表

共同耗用包装物分配表

产品名称	产品数量	分配率	分配份额
甲产品			
乙产品			
合 计			

【业务 7.1.4】 进项税额转出计算表

进项税额转出计算表

部 门	领用材料成本	税 率	转出进项税额
在建工程			

【业务 7.1.5】 共同耗用材料分配表

共同耗用材料分配表

产品名称	完工产品定额成本	分配率	分配份额
甲产品			
乙产品			
合 计			

【业务 7.1.6】 材料费用分配汇总表

材料费用分配汇总表

应借科目	A 材料	B 材料	C 材料	包装物	低值易耗品	燃　料	合　计
基本生产成本——甲产品							
基本生产成本——乙产品							
辅助生产成本——修理车间							
辅助生产成本——运输车间							
制造费用							
管理费用							
在建工程							
合　计							

【业务 7.1.7】 记账凭证（2 张）

【业务 7.1.8】 工资费用分配表

工资费用分配表

<table>
<tr><th colspan="2" rowspan="2">应借科目</th><th rowspan="2">成本费用项目</th><th rowspan="2">直接计入</th><th colspan="3">分配计入</th><th rowspan="2">工资费用合计</th></tr>
<tr><th>分配标准</th><th>分配率</th><th>分配金额</th></tr>
<tr><td rowspan="3">基本生产成本</td><td>甲产品</td><td>直接人工</td><td></td><td></td><td></td><td></td><td></td></tr>
<tr><td>乙产品</td><td>直接人工</td><td></td><td></td><td></td><td></td><td></td></tr>
<tr><td>小　计</td><td></td><td></td><td></td><td></td><td></td><td></td></tr>
<tr><td rowspan="3">辅助生产成本</td><td>修理车间</td><td>直接人工</td><td></td><td></td><td></td><td></td><td></td></tr>
<tr><td>运输车间</td><td>直接人工</td><td></td><td></td><td></td><td></td><td></td></tr>
<tr><td>小　计</td><td></td><td></td><td></td><td></td><td></td><td></td></tr>
<tr><td>制造费用</td><td></td><td>工资</td><td></td><td></td><td></td><td></td><td></td></tr>
<tr><td>管理费用</td><td></td><td>工资</td><td></td><td></td><td></td><td></td><td></td></tr>
<tr><td colspan="3">合　计</td><td></td><td></td><td></td><td></td><td></td></tr>
</table>

【业务 7.1.9】 记账凭证（2 张）

【业务 7.1.10】 社会保险、福利费分配表

社会保险、福利费分配表

分配对象	成本费用项目	工资总额	社会保险费	住房公积金	职工福利费	合计
甲产品	直接人工					
乙产品	直接人工					
小 计						
基本车间管理人员	制造费用					
修理车间人员	辅助生产成本					
运输车间人员	辅助生产成本					
管理部门人员	管理费用					
合 计						

【业务 7.1.11】 记账凭证（2 张）

【业务 7.1.12】 固定资产折旧汇总计算表

固定资产折旧汇总计算表

部 门	应借科目	金额（元）
基本生产车间	制造费用（折旧）	
修理车间	辅助生产成本（修理车间）	
运输车间	辅助生产成本（运输车间）	
管理部门	管理费用（折旧）	
合 计		

【业务 7.1.13】 记账凭证（1 张）

【业务 7.1.14】 外购动力费用分配表

外购动力费用分配表

分配对象	成本费用项目		数量			单价	金额
			生产工时（小时）	分配率	分配数（度数）		
基本生产成本	甲产品	动力					
	乙产品	动力					
小计							
辅助生产成本	修理车间						
	运输车间						
小　计							
制造费用	电费						
管理费用	电费						
小　计							
合计							

【业务 7.1.15】 记账凭证（2 张）

【业务 7.1.16】 辅助生产费用分配表

辅助生产费用分配表

车间或部门	项　目	修理车间	运输车间	合　计
	计量单位	工时	千米	
	劳务数量			
	分配金额			
	分配率			
基本生产车间	耗用数量			
	分配金额			
管理部门	耗用数量			
	分配金额			
销售部门	耗用数量			
	分配金额			
在建工程	耗用数量			
	分配金额			

【业务 7.1.17】 记账凭证（1 张）

【业务 7.1.18】 “辅助生产成本——修理车间”明细账

分页:________ 总页:________

级科目:________________ 级科目:________________

年		凭证		摘要	√	借方									贷方									借或贷	余额								
月	日	种类	号数			百	十	万	千	百	十	元	角	分	百	十	万	千	百	十	元	角	分		百	十	万	千	百	十	元	角	分

【业务 7.1.19】 “辅助生产成本——运输车间”明细账

分页：________ 总页：________

级科目：________________________ 级科目：________________________

年		凭证		摘要	√	借方									贷方									借或贷	余额								
月	日	种类	号数			百	十	万	千	百	十	元	角	分	百	十	万	千	百	十	元	角	分		百	十	万	千	百	十	元	角	分

【业务 7.1.20】 制造费用分配表

制造费用分配表

分配对象	分配标准（实际生产工时）	分配率（分配率）	分配金额
甲产品			
乙产品			
合　计			

【业务 7.1.21】 记账凭证（1 张）

【业务 7.1.22】 制造费用明细账

分页:______ 总页:______

级科目:______________　　级科目:______________

年		凭证		摘要	√	借方									贷方									借或贷	余额								
月	日	种类	号数			百	十	万	千	百	十	元	角	分	百	十	万	千	百	十	元	角	分		百	十	万	千	百	十	元	角	分

【业务 7.1.23】 “基本生产成本——甲产品”明细账

生产成本明细账

科目名称 ________ 页次 ___ 总页 ___　　　　投产日期 ________ 计划工时 ________

生产批号 ________________　　　　完工日期 ________ 实际工时 ________

生产车间 ________________

产品名称 ________________ 数量 ________ 产品规格 ________________ 完成产量 ________

年		凭证号数	摘要	贷方发生额	成本项目					
					直接材料	直接人工	制造费用	合计		
月	日			千百十万千百十元角分	千百十万千百十元角分	千百十万千百十元角分	千百十万千百十元角分	千百十万千百十元角分	千百十万千百十元角分	千百十万千百十元角分

【业务 7.1.24】 “基本生产成本——乙产品”明细账

生产成本明细账

科目名称 ________ 页次 ___ 总页 ___

生产批号 ________________

生产车间 ________________

产品名称 ________________ 数量 ________ 产品规格 ________________ 完成产量 ________

投产日期 ________ 计划工时 ________

完工日期 ________ 实际工时 ________

年		凭证号数	摘要	贷方发生额	成本项目					
					直接材料	直接人工	制造费用	合计		
月	日			千百十万千百十元角分	千百十万千百十元角分	千百十万千百十元角分	千百十万千百十元角分	千百十万千百十元角分	千百十万千百十元角分	千百十万千百十元角分

【业务 7.1.25】 甲产品的产品成本计算表

产品成本计算表

成本项目	生产费用合计	产品数量		分配率	完工产品	月末在产品
		完工产品	在产品			
直接材料						
直接人工						
制造费用						
合　计						

【业务 7.1.26】 乙产品的产品成本计算表

产品成本计算表

成本项目	生产费用合计	产品数量		分配率	完工产品	月末在产品
		完工产品	在产品			
直接材料						
直接人工						
制造费用						
合　计						

【业务 7.1.27】 产品成本汇总表

产品成本汇总表

成本项目	甲产品		乙产品		合　计
	总成本	单位成本	总成本	单位成本	
直接材料					
直接人工					
制造费用					
合　计					

【业务 7.1.28】 产品生产成本表

产品生产成本表

年 月

产品名称	计量单位	实际产量		单位成本				本月总成本			本年累计总成本		
		本月	本年累计	上年实际平均	本年计划	本月实际	本年累计实际平均	按上年实际平均单位成本计算	按本年计划单位成本计算	本月实际成本计算	按上年平均单位成本计算	按本年计划单位成本计算	本年实际
甲产品	件												
乙产品	件												
全部产品成本													

【业务 7.2.1】 其他费用分配表

其他费用分配表

车间或部门	办公费用	劳动保护费	其他费用	合　计
第一车间				
第二车间				
第三车间				
辅助生产车间				
管理部门				
合　计				

【业务 7.2.2】 记账凭证（1 张）

【业务 7.2.3】 材料费用分配表

材料费用分配表

<table>
<tr><th colspan="2" rowspan="2">分配对象</th><th rowspan="2">成本费用项目</th><th rowspan="2">直接计入</th><th colspan="3">分配计入</th><th rowspan="2">材料费用合计</th></tr>
<tr><th>定额费用</th><th>分配率</th><th>分配金额</th></tr>
<tr><td colspan="2">甲产品</td><td>直接材料</td><td></td><td></td><td></td><td></td><td></td></tr>
<tr><td colspan="2">乙产品</td><td>直接材料</td><td></td><td></td><td></td><td></td><td></td></tr>
<tr><td colspan="2">管理部门</td><td>修理费</td><td></td><td></td><td></td><td></td><td></td></tr>
<tr><td rowspan="3">第一车间</td><td>一般耗用</td><td>机物料</td><td></td><td></td><td></td><td></td><td></td></tr>
<tr><td>修理费</td><td>修理费</td><td></td><td></td><td></td><td></td><td></td></tr>
<tr><td colspan="2">小　计</td><td></td><td></td><td></td><td></td><td></td></tr>
<tr><td rowspan="3">第二车间</td><td>一般耗用</td><td>机物料</td><td></td><td></td><td></td><td></td><td></td></tr>
<tr><td>修理费</td><td>修理费</td><td></td><td></td><td></td><td></td><td></td></tr>
<tr><td colspan="2">小　计</td><td></td><td></td><td></td><td></td><td></td></tr>
<tr><td rowspan="3">第三车间</td><td>一般耗用</td><td>机物料</td><td></td><td></td><td></td><td></td><td></td></tr>
<tr><td>修理费</td><td>修理费</td><td></td><td></td><td></td><td></td><td></td></tr>
<tr><td colspan="2">小　计</td><td></td><td></td><td></td><td></td><td></td></tr>
<tr><td rowspan="5">辅助生产车间</td><td>一般耗用</td><td>机物料</td><td></td><td></td><td></td><td></td><td></td></tr>
<tr><td>修理费</td><td>修理费</td><td></td><td></td><td></td><td></td><td></td></tr>
<tr><td colspan="2">小　计</td><td></td><td></td><td></td><td></td><td></td></tr>
<tr><td>生产耗用</td><td>直接材料</td><td></td><td></td><td></td><td></td><td></td></tr>
<tr><td colspan="2">小计</td><td></td><td></td><td></td><td></td><td></td></tr>
<tr><td>合　计</td><td></td><td></td><td></td><td></td><td></td><td></td><td></td></tr>
</table>

【业务 7.2.4】 记账凭证（2 张）

【业务 7.2.5】 低值易耗品领用表

低值易耗品领用表

分配对象	第一车间	第二车间	第三车间	合 计
领用金额				
合 计				

【业务 7.2.6】 记账凭证（1 张）

【业务 7.2.7】 工资费用分配表

工资费用分配表

应借科目		成本费用项目	直接计入	分配计入			工资费用合计
				分配标准	分配率	分配金额	
基本生产成本—第一车间	甲产品	直接人工					
	乙产品	直接人工					
	小 计						
基本生产成本—第三车间	乙产品	直接人工					
基本生产成本—第二车间	甲产品	直接人工					
	乙产品	直接人工					
	小 计						
辅助生产成本		直接人工					
制造费用	第一车间	工 资					
制造费用	第二车间	工 资					
制造费用	第三车间	工 资					
制造费用	辅助生产车间	工 资					
管理费用		工 资					
合 计							

【业务 7.2.8】 记账凭证（2 张）

【业务 7.2.9】 外购动力费用分配表

外购动力费用分配表

分配对象		成本费用项目	数量			单价	费用合计
			生产工时	分配率	用电量		
第一车间	甲产品	直接材料					
	乙产品	直接材料					
	小计						
	管理用电	水电费					
第二车间	甲产品	直接材料					
	乙产品	直接材料					
	小计						
	管理用电	水电费					
第三车间	乙产品	直接材料					
	小计						
	管理用电	水电费					
辅助生产车间生产用电		直接材料					
辅助生产车间生产用电		水电费					
管理部门		水电费					
合　计							

【业务 7.2.10】 记账凭证（2 张）

【业务 7.2.11】 固定资产折旧汇总计算表

固定资产折旧汇总计算表

车间或部门	应借科目	本月折旧额
第一车间	制造费用（第一车间）	
第二车间	制造费用（第二车间）	
第三车间	制造费用（第三车间）	
辅助生产车间	制造费用（辅助生产车间）	
管理部门	管理费用（管理部门）	
合　计		

【业务 7.2.12】 记账凭证（1 张）

【业务 7.2.13】 记账凭证（1 张）

【业务 7.2.14】 “制造费用——辅助生产车间”明细账

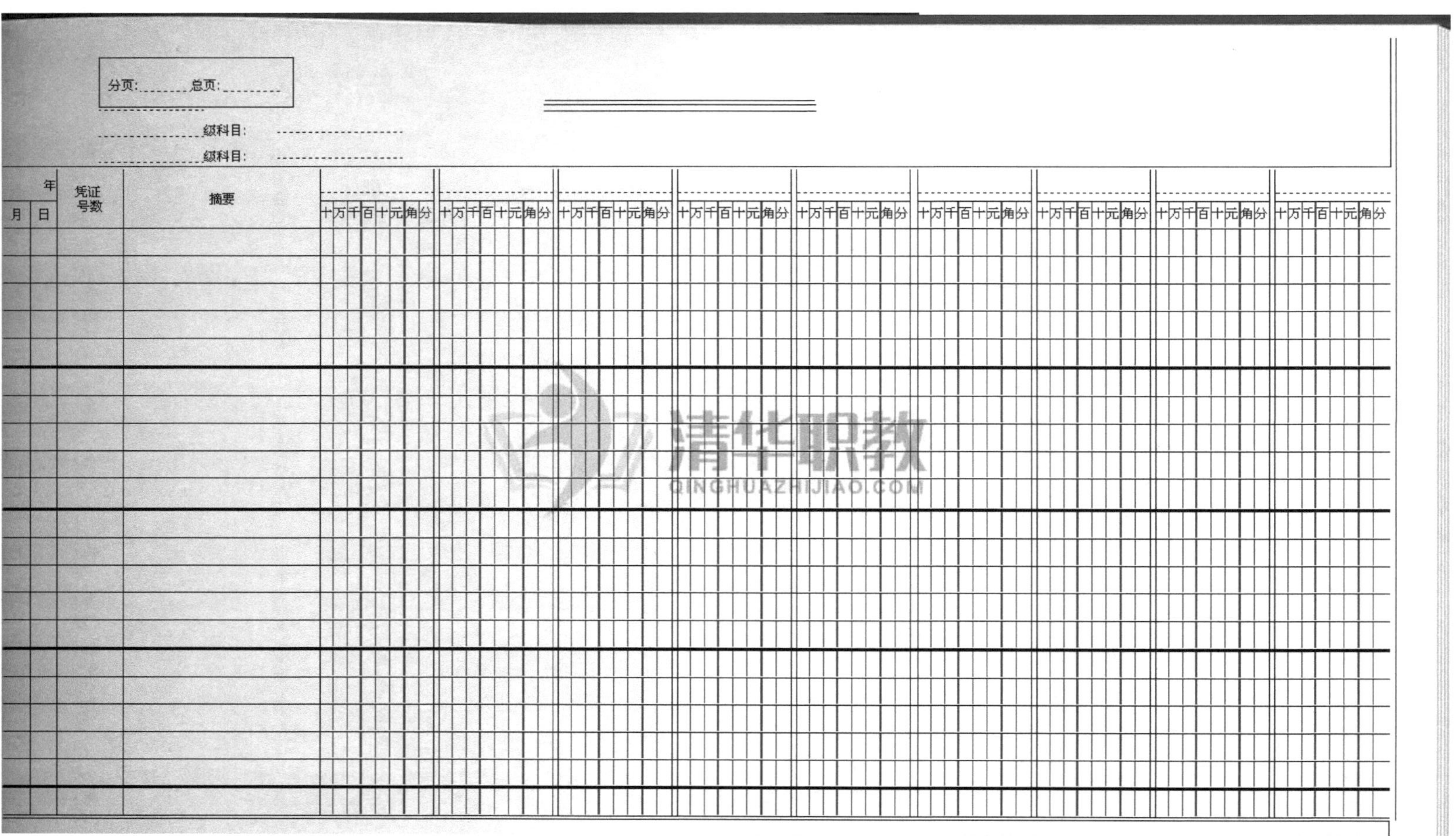

分页：　　总页：

级科目：

级科目：

年		凭证号数	摘要									
月	日			十万千百十元角分	十万千百十元角分	十万千百十元角分	十万千百十元角分	十万千百十元角分	十万千百十元角分	十万千百十元角分	十万千百十元角分	十万千百十元角分

【业务 7.2.15】 记账凭证（1 张）

【业务 7.2.16】 辅助生产成本明细账

生产成本明细账

科目名称 ________ 页次 ___ 总页 ___　　投产日期 ________ 计划工时 ________

生产批号 ________________　　完工日期 ________ 实际工时 ________

生产车间 ________________

产品名称 ________________ 数量 ________ 产品规格 ________________ 完成产量 ________

年		凭证号数	摘要		成本项目					
					直接材料	直接人工	制造费用	合计		
月	日			千百十万千百十元角分	千百十万千百十元角分	千百十万千百十元角分	千百十万千百十元角分	千百十万千百十元角分	千百十万千百十元角分	千百十万千百十元角分

【业务 7.2.17】 辅助生产费用分配表

辅助生产费用分配表

<table>
<tr><th colspan="3">项 目</th><th>合 计</th></tr>
<tr><td colspan="3">劳务数量（小时）</td><td></td></tr>
<tr><td colspan="3">分配金额</td><td></td></tr>
<tr><td colspan="3">分配率</td><td></td></tr>
<tr><td rowspan="7">第一车间</td><td rowspan="2">甲产品</td><td>耗用数量</td><td></td></tr>
<tr><td>分配金额</td><td></td></tr>
<tr><td rowspan="2">乙产品</td><td>耗用数量</td><td></td></tr>
<tr><td>分配金额</td><td></td></tr>
<tr><td rowspan="2">一般耗用</td><td>耗用数量</td><td></td></tr>
<tr><td>分配金额</td><td></td></tr>
<tr><td colspan="2">金额小计</td><td></td></tr>
<tr><td rowspan="7">第二车间</td><td rowspan="2">甲产品</td><td>耗用数量</td><td></td></tr>
<tr><td>分配金额</td><td></td></tr>
<tr><td rowspan="2">乙产品</td><td>耗用数量</td><td></td></tr>
<tr><td>分配金额</td><td></td></tr>
<tr><td rowspan="2">一般耗用</td><td>耗用数量</td><td></td></tr>
<tr><td>分配金额</td><td></td></tr>
<tr><td colspan="2">金额小计</td><td></td></tr>
<tr><td rowspan="5">第三车间</td><td rowspan="2">乙产品</td><td>耗用数量</td><td></td></tr>
<tr><td>分配金额</td><td></td></tr>
<tr><td rowspan="2">一般耗用</td><td>耗用数量</td><td></td></tr>
<tr><td>分配金额</td><td></td></tr>
<tr><td colspan="2">金额小计</td><td></td></tr>
<tr><td rowspan="3">管理部门</td><td rowspan="2">一般耗用</td><td>耗用数量</td><td></td></tr>
<tr><td>分配金额</td><td></td></tr>
<tr><td colspan="2">金额小计</td><td></td></tr>
<tr><td colspan="3">合计</td><td></td></tr>
</table>

【业务 7.2.18】 记账凭证（2 张）

【业务 7.2.19】 制造费用明细账(第一车间)

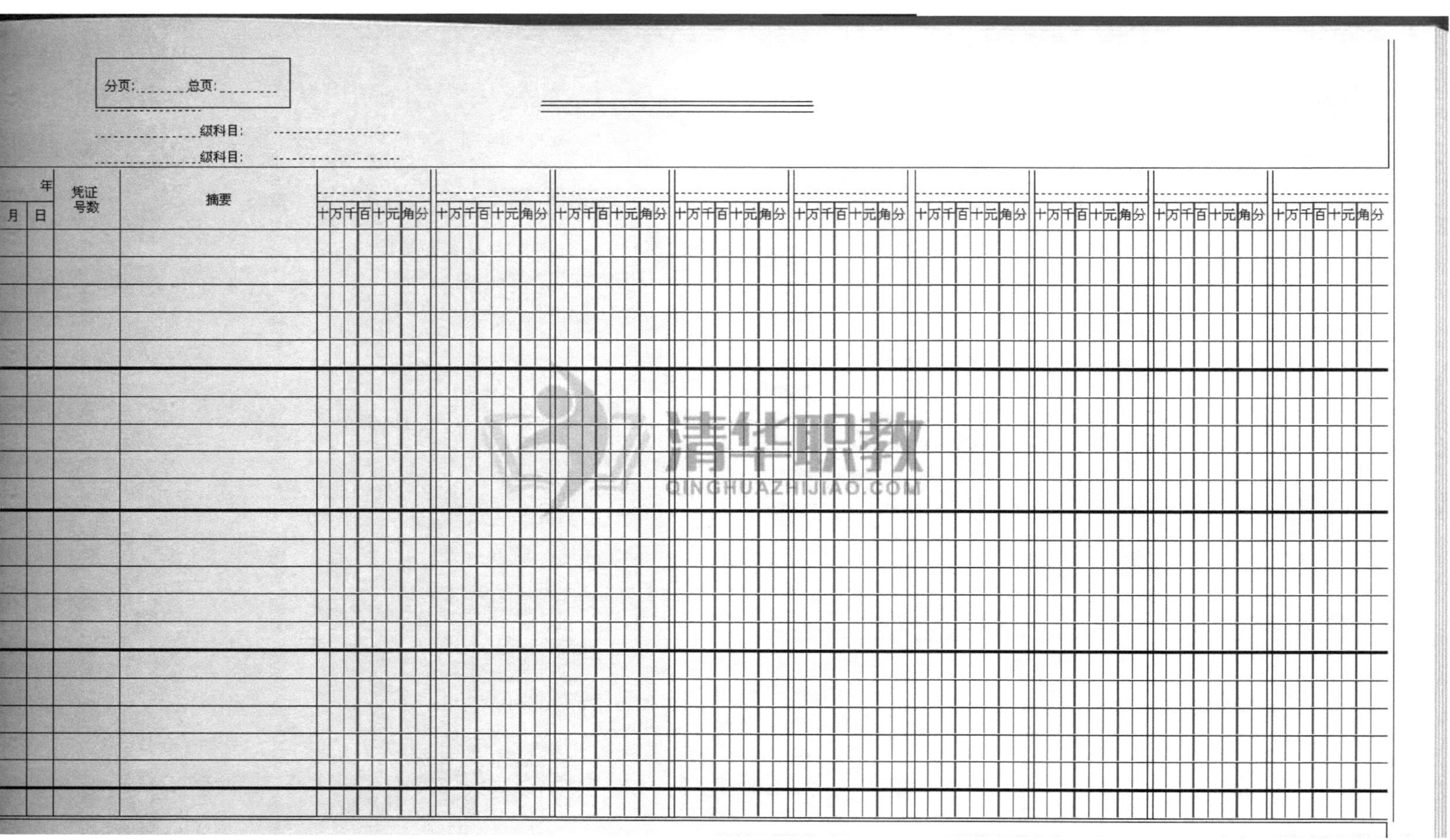

分页:＿＿ 总页:＿＿

＿＿级科目:＿＿

＿＿级科目:＿＿

年		凭证号数	摘要								
月	日			十万千百十元角分	十万千百十元角分	十万千百十元角分	十万千百十元角分	十万千百十元角分	十万千百十元角分	十万千百十元角分	十万千百十元角分

【业务 7.2.20】 制造费用明细账(第二车间)

分页:______ 总页:______

______级科目: ______

______级科目: ______

年		凭证号数	摘要									
月	日			十万千百十元角分	十万千百十元角分	十万千百十元角分	十万千百十元角分	十万千百十元角分	十万千百十元角分	十万千百十元角分	十万千百十元角分	十万千百十元角分

【业务 7.2.21】 制造费用明细账(第三车间)

分页:______ 总页:______

______级科目:______

______级科目:______

年		凭证号数	摘要									
月	日			十万千百十元角分	十万千百十元角分	十万千百十元角分	十万千百十元角分	十万千百十元角分	十万千百十元角分	十万千百十元角分	十万千百十元角分	十万千百十元角分

【业务 7.2.22】 制造费用分配表

制造费用分配表

分配对象	分配标准(生产工时)	分配率（元/小时）	分配金额
第一车间甲产品			
第一车间乙产品			
小　计			
第二车间甲产品			
第二车间乙产品			
小　计			
第三车间乙产品			

【业务 7.2.23】 记账凭证（2 张）

【业务 7.2.24】 “基本生产成本——第一车间甲半成品”明细账

生产成本明细账

科目名称 ________ 页次 ___ 总页 ___　　　投产日期 ________ 计划工时 ________

生产批号 ________________　　　完工日期 ________ 实际工时 ________

生产车间 ________________

产品名称 ________________ 数量 ________ 产品规格 ________________ 完成产量 ________

年		凭证号数	摘要		成本项目					
					直接材料	直接人工	制造费用	合计		
月	日			千百十万千百十元角分	千百十万千百十元角分	千百十万千百十元角分	千百十万千百十元角分	千百十万千百十元角分	千百十万千百十元角分	千百十万千百十元角分

【业务 7.2.25】 记账凭证（1 张）

【业务 7.2.26】 “基本生产成本——第一车间乙半成品”明细账

生产成本明细账

科目名称 ________ 页次 ___ 总页 ___　　　　投产日期 ________ 计划工时 ________

生产批号 ________________　　　　完工日期 ________ 实际工时 ________

生产车间 ________________

产品名称 ________________ 数量 ________ 产品规格 ____________________ 完成产量 ________

年		凭证号数	摘要		成本项目					
					直接材料	直接人工	制造费用	合计		
月	日			千百十万千百十元角分	千百十万千百十元角分	千百十万千百十元角分	千百十万千百十元角分	千百十万千百十元角分	千百十万千百十元角分	千百十万千百十元角分

【业务 7.2.27】 记账凭证（1 张）

【业务 7.2.28】 甲半成品明细账

分页＿＿＿＿ 总页＿＿＿＿

编号、名称＿＿＿＿

最高存量＿＿＿＿

最低存量＿＿＿＿ 储备天数＿＿＿＿ 存放地点＿＿＿＿ 计量单位＿＿＿＿ 规格＿＿＿＿ 类别＿＿＿＿

年		凭证字号	摘要	收入											付出											结存										
				数量	单价	金额									数量	单价	金额									数量	单价	金额								
月	日					百	十	万	千	百	十	元	角	分			百	十	万	千	百	十	元	角	分			百	十	万	千	百	十	元	角	分

【业务 7.2.29】 记账凭证（1 张）

【业务 7.2.30】 “基本生产成本——第二车间甲产品”明细账

生产成本明细账

科目名称 ________ 页次 ___ 总页 ___　　投产日期 ________ 计划工时 ________

生产批号 ________________　　完工日期 ________ 实际工时 ________

生产车间 ________________

产品名称 ________________ 数量 ________ 产品规格 ____________________ 完成产量 ________

年		凭证号数	摘要		成本项目					
					直接材料	直接人工	制造费用	合计		
月	日			千百十万千百十元角分	千百十万千百十元角分	千百十万千百十元角分	千百十万千百十元角分	千百十万千百十元角分	千百十万千百十元角分	千百十万千百十元角分

【业务 7.2.31】 记账凭证（1 张）

【业务 7.2.32】 “基本生产成本——第二车间乙半成品”明细账

生产成本明细账

科目名称 ________ 页次 ___ 总页 ___ 投产日期 ________ 计划工时 ________
生产批号 ________________ 完工日期 ________ 实际工时 ________
生产车间 ________________
产品名称 ________________ 数量 ________ 产品规格 ________________ 完成产量 ________

年		凭证号数	摘要		成本项目					
					直接材料	直接人工	制造费用	合计		
月	日			千百十万千百十元角分	千百十万千百十元角分	千百十万千百十元角分	千百十万千百十元角分	千百十万千百十元角分	千百十万千百十元角分	千百十万千百十元角分

【业务 7.2.33】 记账凭证（1 张）

【业务 7.2.34】 “基本生产成本——第三车间乙产品”明细账

生产成本明细账

科目名称 ________ 页次 ___ 总页 ___　　　　投产日期 ________ 计划工时 ________

生产批号 ________________　　　　完工日期 ________ 实际工时 ________

生产车间 ________________

产品名称 ________________ 数量 ________ 产品规格 ________________ 完成产量 ________

年		凭证号数	摘要		成本项目					
					直接材料	直接人工	制造费用	合计		
月	日			千百十万千百十元角分	千百十万千百十元角分	千百十万千百十元角分	千百十万千百十元角分	千百十万千百十元角分	千百十万千百十元角分	千百十万千百十元角分

【业务 7.2.35】 记账凭证（1 张）

【业务 7.2.36】 甲产品成本还原表

甲产品成本还原表

项　目	数量（件）	自制半成品	直接材料	直接人工	制造费用	合　计
还原前产成品总成本						
第一车间所产半成品成本						
还原分配率						
半成品成本还原						
还原后产成品成本						

【业务 7.2.37】 乙产品成本还原表

乙产品成本还原表

项　目	数量（件）	自制半成品	直接材料	直接人工	制造费用	合　计
还原前产成品总成本						
第二车间所产半成品成本						
第三车间半成品成本还原（分配率 0.9226）						
第一车间所产半成品成本						
第二车间半成品成本还原（分配率 1.1371）						
还原后产成品成本						